ARQUITECTURA DE LA MUERTE: DE CHASNA A ARONA

Ritos, prácticas y creencias

Arquitectura de la muerte: de Chasna a Arona. Ritos, prácticas y creencias

Fotografías
Autora, Marcos Brito, Marisol González Almeida,
Pilina Delgado Hernández, Pedro Cabeza y U. Ahlers

Gestión editorial
LeCanarien ediciones
Ctra. Gral. La Perdoma, 143
La Orotava – S/C de Tenerife
www.lecanarienediciones.com
686 186 730

Primera edición
Santa Cruz de Tenerife, noviembre 2025

ISBN: 979-13-87771-09-6
DL: TF 557-2025

ARQUITECTURA DE LA MUERTE: DE CHASNA A ARONA

Ritos, prácticas y creencias

Carmen Rosa Pérez Barrios

A la memoria de mi hermano
Óscar Pérez Barrios, a mis padres
Óscar e Isabel, y a tantos seres queridos
que partieron...

¿Y tu alma? ¿Dónde crees que haya ido?

Debe andar vagando por la tierra como tantas otras; buscando vivos que recen por ella... y me hacía insoportables las noches llenándomelas de pensamientos intranquilos con figuras de condenados y cosas de ésas. Cuando me senté a morir, ella me rogó que me levantara y que siguiera arrastrando la vida, como si esperara todavía algún milagro que me limpiara de culpas. Ni siquiera hice el intento: "Aquí se acaba el camino -le dije-. Ya no me quedan fuerzas para más".

Pedro Páramo, **Juan Rulfo**

(https://www.literatura.us/rulfo/paramo.html)

ÍNDICE

INTRODUCCIÓN

La muerte es un acontecimiento natural, cotidiano, ineludible, inevitable, aleatorio y universal, como señala García Hernández[1], y lo que viene después ha sido objeto de preocupación en las distintas culturas. El ser humano no ha dejado de reflexionar sobre la muerte, sobre su significación, sus consecuencias y esta preocupación ha llevado a desarrollar una ritualización en torno a ella.

Desde la Antigüedad hasta nuestros días se ha mantenido inalterable la costumbre de crear un complejo ritual alrededor del final del ciclo biológico. Pretendemos en esta ocasión acercarnos a cómo se vivía el hecho mortuorio en una comunidad rural aislada, en las bandas del Sur de Tenerife, donde la riqueza era escasa, dados los limitados recursos hídricos existentes y la concentración en pocas manos de la propiedad.

Si en siglos pasados el ceremonial de la muerte se clericalizó (velatorio, entierro, día de difuntos, salvación del alma, etc.), a partir del siglo XVIII con las corrientes racionalistas y regalistas la concepción del ritual comienza a variar, como se evidencia en las disposiciones de Carlos III sobre los lugares de enterramiento, intentando con ello no solo velar por la higiene y la salud pública, sino disminuir el poder que la Iglesia tenía a través del control de la muerte. La ritualidad girará desde el siglo XIX en torno a los cementerios, pero en los últimos tiempos se expanden ideas negacionistas que desdeñan la muerte y su ritualidad y, con ello, las prácticas tradicionales se diluyen: no se reúne toda la familia, se recurre a organizadores profesionales (funerarias, floristerías, aseguradoras), se reduce el horario del velatorio, se suprime el luto, disminuyen los voluntarios para cargar el ataúd, se prescinde de las misas por la salvación del alma, etc. Paradójicamente, mientras se relegan tradiciones, ritos y creencias en torno a la muerte, se adoptan costumbres

[1] GARCÍA, A.M.: "Re-Pensar la muerte: hacia un entendimiento de la antropología de la muerte en el marco de la ciencia", *Cultura y Religión*, 2008, en MARÍN FERNÁNDEZ, E.: "Aspectos antropológicos del dolor y la muerte, *Biblioteca de Investigación,* nº 63, Universidad de La Rioja, 2021.

ajenas a nuestra cultura, de ahí, que este trabajo pretenda recopilar y conocer aspectos relacionados con las prácticas funerarias, pues forman parte de una herencia cultural que enlaza con nuestros ancestros y que, en definitiva, están en nuestras raíces como pueblo.

Reúne este trabajo tres líneas, una relacionada con la muerte física del cuerpo, con su custodia, con el sepelio y el enterramiento; otra espiritual, dirigida a la salvación eterna del ser humano, con las misas, limosnas, día de finados y, por último, nos ocupamos de los espacios físicos de enterramiento, ya fueran iglesias, ermitas, conventos o cementerios, sin olvidar la arquitectura conmemorativa vinculada a la muerte. Esta última parte determina el título de este trabajo, en tanto lo interpretamos en el sentido propio del término, es decir, como el arte y la técnica de concebir, diseñar y construir edificaciones, en el caso que nos ocupa vinculadas a la muerte, pero también utilizamos el término en sentido metafórico, interpretándolo como la construcción de una ritualidad, unas prácticas y creencias relacionadas con la muerte, o sea, atribuimos al término una conexión religiosa, en tanto, Dios es considerado el gran arquitecto universal y la muerte es parte de esa obra suprema.

Las fuentes a las que recurrimos para este estudio son variadas, pues van desde los fondos eclesiásticos a los municipales, sin olvidar la información de hemeroteca, la documentación privada y las fuentes orales. Para el Antiguo Régimen resultan fundamentales las obras realizadas por el investigador Díaz Frías, en concreto la recopilación de testamentos chasneros, teniendo gran relevancia la historiografía existente sobre la materia, en particular, los estudios realizados por el profesor Hernández González en torno a la muerte en Canarias en el siglo XVIII. Para comprender las prácticas populares relacionadas con la muerte resulta imprescindible la Encuesta realizada por la Sección de Ciencias Morales y Políticas del Ateneo de Madrid en 1901, y que para Canarias contó con la coordinación del médico Juan Bethencourt Alfonso. Recopiló la información dada por numerosas personas en las Islas, y en Arona contó con la colaboración del maestro Manuel Fumero, de Cirilo Lecuona, del párroco Julio Mendoza y Morera, de Eugenio y Aquilino Domínguez Alfonso, de Antonio y Evaristo Bethencourt Medina y de José González, cualificados testimonios a los que podríamos unir los recogidos en San Miguel, Adeje y Vilaflor, por compartir, dada su vinculación histórica, unos rasgos culturales similares[2]. Los informantes en la comarca fueron numerosos, no en vano se trataba de la tierra de origen de Bethencourt Alfonso, y en ella tenía tierras, familia y amigos.

---

[2] BETHENCOURT ALFONSO, J.: *Costumbres populares Canarias de nacimientos, matrimonios y muerte*, Introducción, notas e ilustraciones de Manuel A. Fariña González, Aula de Cultura de Tenerife, 1985.

EL CONCEPTO DE LA MUERTE EN EL IMAGINARIO COLECTIVO

Lo inevitable de la muerte, el dolor que lleva consigo y la incertidumbre sobre la razón de la vida, ha llevado al ser humano a buscar interpretaciones sobre su significado, sobre lo que hay más allá de la muerte, y con ello se ha dotado el hecho mortuorio de rituales que tratan de dignificar y solemnizar la inexistencia, el dejar de ser. La muerte iguala a todos –ricos y pobres, sabios e ignorantes, fuertes y débiles–, presentándose el cuerpo inerte del difunto despojado de los oropeles, portes y flaquezas que rodearon su vida.

La multiplicidad de eufemismos, disfemismos o metáforas utilizadas para referirse a la muerte dan idea de cómo ha preocupado a la colectividad el tema. Los distintos diccionarios de la lengua española recogen términos como fallecer, deceso, descansar, reposar, yacer, desaparecer, finar, volar al cielo, subir al cielo, perder o entregar la vida, expresiones todas que suelen ir dirigidas a suavizar la tragedia de la muerte.

Daniela González ofrece en uno de sus trabajos múltiples acepciones en el que la muerte aparece de forma eufemística, por ejemplo: "dar muerte a alguien" (como si alguien fuera dueño de ella), "aparece la muerte" (simbología: esqueleto o figura de mujer con túnica negra y guadaña), "muerte natural" (atribuida a la vejez), "duelo a muerte" (hasta conseguir la aniquilación de uno de los contendientes), "empleo de mala muerte" (de poco valor), y un largo etcétera. Moliner Ríos, por su parte, recoge eufemismos como "muerte dulce" para referirse a sin sufrimiento, "muerte cerebral" para un coma irreversible.

No menos interesante es el análisis de las palabras que se forman de una determinada raíz, caso de "mort", surgiendo términos como amortecimiento, inmortalidad, mortaja, mortal, mortandad, mortecino, mortífero, mortuorio. Otras raíces, como funer o necro, las encontramos en funeral, funeraria, necrodulía, necrolatría, necrología.

La definición filosófico-teológica de muerte como separación del alma y el cuerpo y, por tanto, la creencia de un más allá de la muerte física, justificará los múltiples rituales que en torno al hecho mortuorio se han desarrollado a lo largo del tiempo en las distintas culturas, como también la utilización de un lenguaje metafórico. Siguiendo a Soledad González vemos que la voz "deceso" tiene su origen en la conceptualización metafórica "morir es partir". Respecto a "finar y finado" hay que entenderlas en el sentido de que la "muerte es un camino", poseyendo la palabra fenecer la misma etimología que finar, pues derivaría del latín finir, es decir, acabar, terminar o tener fin. Otra concepción muy frecuente es la que relaciona el morir con el descansar, por ello el Diccionario de la Lengua, en una de sus acepciones, señala que descansar es reposar o estar enterrado, yacer aludiría también a estar muerto, al igual que ocurre con "sueño eterno" y "caído", aunque en este último caso se alude a las personas muertas por una causa noble o heroica (caídos por la patria).

El patrimonio lingüístico vinculado a la muerte, por tanto, tiene formas muy variadas: deceso, defunción, difunto, fallecimiento, fenecimiento, finado, la hora suprema, óbito, partida, trance, tránsito, cielo, eternidad, infierno, postrimerías, purgatorio, salvación, salud, sueño eterno, trasmundo, juicio final, ultramundo, ultratumba, la otra vida, la vida eterna, condenarse, la descarnada, guadaña, la huesuda, parca, pelona, eutanasia, extinto, bajo la losa, occiso, pudrirse, cadáver, calavera, cenizas, esqueleto, fiambre, huesos, rigor mortis, alma en pena, ánima, aparecido, espectro, espíritu, fantasma, zombi, medio muerto, semimuerto, semivivo, inanimado, esquela, recordatorio, partida de defunción, mortaja, sudario, arca, ataúd, caja, féretro, corona, cementerio, fosa, hoyo, nicho, sepultura, funeral, fúnebre, funeraria, morgue, tanatorio, enterrar, inhumar, llorar, velar, resucitar, exequias, honras fúnebres, misas gregorianas, novenario, oración fúnebre, réquiem, responso, sepelio, sufragios, lúgubre, macabro, sombrío, tétrico, luto, pena, aniversario, doblar, elegía, endecha, panegírico, pésame, matar, heredar, estertor, asesinato, homicidio, masacre, crimen, aniquilamiento, expiración, perecimiento, diñarla, apagarse, desnucarse, espicharla, palmarla, moribundo, agonizar, sacramentar, etc.

No menos interesantes son las expresiones o unidades fraseológicas, con las que sociológicamente se pretende controlar la potencial negatividad del término "muerte", así, podríamos recoger: "en gloria esté", "rip (requiescat in pace)", entregar el alma, irse al otro barrio, doblar la cabeza, caerse redondo, caer como chinches, dejar este mundo, la última morada, viaje sin retorno, llamar Dios a juicio, llamar Dios a su seno, exhalar el espíritu, caer como moscas, irse al otro mundo, cerrar los ojos, quedarse como un pajarito, estirar la pata, quedarse en el sitio, exhalar el último suspiro, partir de esta vida, pasar a mejor vida, perder la vida, estar con Dios, estar criando malvas, descansar en paz, descansar en el Señor, horas contadas, un pie en la sepultura, a las puertas de la muerte, estar en las últimas, hallarse entre la vida y la muerte, encomendar el alma, auxilios espirituales, dar la extremaunción, dar el viático, en gracia de Dios, en olor de santidad, en paz y en gracia de Dios, in artículo mortis, la hora suprema, llorar su muerte, pasar a mejor vida, descansando en el Señor, descanso eterno, quedarse tieso, un pie en el cementerio, no vivir para contarla, con la pata tiesa, mandar al otro barrio, correr la sangre, más allá, el otro mundo, con los pies por delante, pasó a mejor vida, caer muerto[3].

La enorme versatilidad del lenguaje y su relación con la percepción de la realidad es evidente, por lo que puede entrañar ambigüedades, es decir, puede formar y deformar la realidad, por tanto, se utiliza la palabra muerte con otros significados o se recurre a atenuar la dureza del término. Recoge Crespo Fernández algunas de estas expresiones: estar de muerte, significaría que está riquísimo; llevarse a matar, que no se llevaban bien; callarse como un muerto, se refiere a permanecer completamente callado; echarle el muerto, equivale a echar la culpa a alguien; más muerto que vivo, se entiende como estar muy asustado; medio muerto, significa que se está muy cansado, el sol de los muertos se aplica a un sol débil, cuando ilumina débilmente en el ocaso, y algo similar ocurre con expresiones como: dar la vida por alguien; debatirse entre la vida y la muerte; todo tiene remedio menos la muerte; firmar su sentencia de muerte; hasta que la muerte nos separe; luchar hasta la muerte; morirse de ganas; muerto de hambre; morirse de risa; odiar a muerte; cuestión de vida o muerte; no tener dónde caerse muerto; ser una mosquita muerta; corredor de la muerte[4].

Morir es dejar de hacer una acción cotidiana, por lo que a veces para referirse a este hecho se emplean fórmulas como: dejar de hablar, no contarla, callar para siempre. Lo mismo ocurre con la palabra enterramiento, aunque a veces los términos que la sustituyen resultan más crudas: irse a la tumba, estar bajo tierra, irse al hoyo, ponerse el pijama de pino, comer tierra, ver crecer las flores (margaritas) desde abajo, ser abono de plantas, ser comida de gusanos, irse con los angelitos, estar con los ángeles, reunirse con los seres queridos. En definitiva, las metáforas, los eufemismos, los símiles están presentes en el lenguaje de la muerte, y es evidente que existe una motivación simbólica de raíces culturales, vinculadas con las creencias religiosas y con las tradiciones populares[5].

---

[3] GONZÁLEZ, D.S.: "Eufemismos sobre la muerte en el Diccionario de la lengua española y en el Diccionario de uso del español", *ReDILLcT*, nº 2, 2019, gonzalezdanielasoledad@yahoo.com.ar.

[4] CRESPO FERNÁNDEZ, E.: "La conceptualización metafórica del eufemismo en epitafios", *Estudios filológicos,* nº 43, 2008, pp. 13, 83-100.

[5] FERRARA, G.: "Taxonomía de términos innombrables: la muerte y sus afines en el lenguaje cotidiano", *Artifara* 22.1, Monográfico: Estudios sobre el léxico del español, 2022.

VISIÓN DE LA MUERTE A TRAVÉS DE LA RELIGIÓN Y DE LA FILOSOFÍA

Las distintas culturas han ofrecido a través de la religión una visión de la muerte, por ejemplo, los egipcios han dejado testimonio material de sus creencias, evidenciadas en las monumentales tumbas (mastabas, pirámides, hipogeos), pero también en sus grabados y pinturas, evaluándose en el Juicio de Osiris la conciencia y moralidad del difunto. La mitología griega también tiene un discurso en el que habla de una vida de ultratumba, con dos mundos, uno para los virtuosos y otro para los malvados. Los primeros accedían a los Campos Elíseos, mientras que los segundos quedaban atrapados en el Tártaro (lugar de tormento). Los que no entraban en estos grupos estaban condenados a ser sombras errantes. Para llegar al reino de Hades era necesario cruzar la laguna Estigia, trayecto que hacía el barquero Caronte a cambio de una moneda, de ahí que se colocara un óbolo en la boca del difunto.

El ritual fúnebre, salvo en el caso de personas importantes, se realizaba en el ámbito privado. Al difunto se le ungía con perfume, se le vestía con ropas blancas y con un sudario, y se le adornaba con flores. El cuerpo se colocaba con los pies en dirección a la puerta, y las palmas de las manos abiertas. Algunas mujeres escenificaban el dolor con llantos y golpes en el pecho. Los entierros solían realizarse por la noche, o se hacía una cremación en una pira. En las tumbas se depositaba un ajuar, se adornaban con estelas o se cubrían con un túmulo de tierra. Por lo general, los enterramientos se realizaban fuera de las poblaciones[6].

La muerte está rodeada de incertidumbres y resulta traumática para las familias. En el caso de Roma al dolor por la pérdida se sumaba la responsabilidad de transformar al fallecido en una divinidad, es decir, los muertos eran valorados como dioses, y eso exigía un tránsito hacia la nueva situación. El

[6] GONZÁLEZ GONZÁLEZ, M.: *Creencias y rituales funerarios: el más allá en la Grecia Antigua*, Ed. Síntesis, 2018; QUESADA SANZ, F.: "Muerte y ritual funerario en la Grecia Antigua: una introducción a los aspectos arqueológicos", *Arqueología de la muerte: metodología y perspectivas actuales*, Universidad Autónoma de Madrid, 1991, pp. 39-114.

ritual contemplaba la purificación del cuerpo, por lo que era necesario lavarlo, perfumarlo, vestirlo, con ello se pretendía que el alma comenzara a separarse de su parte impura para acceder al reino de los dioses. El cuerpo, ya amortajado, se colocaba en un catafalco y era expuesto en la habitación más importante de la casa romana, el atrium. La despedida del cadáver se convertía en una manifestación de la riqueza y poder de la familia: suntuosidad del catafalco, calidad de los tapices y de los aromas, número de velas encendidas, coronas ofrecidas, el número de plañideras, etc., ritualidad que en parte será adoptada por el cristianismo. El traslado del difunto al sepulcro se hacía con el acompañamiento de una comitiva –pompa fúnebre–. La inhumación pudo ser el primitivo uso funerario en Roma, pero ya en el siglo V a. C. la incineración era frecuente, aunque siglos después por influencia de los cultos orientales, sobre todo del cristianismo, se volverá a preferir la inhumación, entendiendo que así se garantizaba la integridad del cuerpo en el más allá o en la resurrección.

La manera de entender la sepultura les diferencia del cristianismo, pues para los romanos ésta era el lugar donde se depositaba el cuerpo, los huesos o las cenizas, mientras que para el cristianismo es un lugar de acogida temporal, pues luego pasaría al cielo, al infierno o al purgatorio, hasta la resurrección de los cuerpos[7].

En el ámbito cultural mediterráneo se confía en la existencia de "un más allá", pero para llegar a él debe garantizarse el tránsito, lo que pasa por un ritual para lograr la protección divina y, por ello, resulta necesaria la implicación de los herederos en la aplicación de las disposiciones funerarias, poniéndose de manifiesto en los planes de salvación las diferencias socioeconómicas[8].

Defienden algunos estudiosos que la cultura mortuoria actual recuerda en numerosos aspectos la romana, pero otros tienen una percepción distinta, pues consideran que la tradición cristiana modificó sustancialmente la naturaleza de los muertos y de su interrelación con los vivos. Dicho en palabras de Salomón Reinach, los paganos rezaban a los muertos y los cristianos rezan por ellos[9]. Sin embargo, debiéramos considerar que existe un nexo en las prácticas funerarias, nutriéndose el cristianismo de la tradición pagana, pero también de la filosofía clásica, es decir, la dicotomía entre cuerpo y alma con-

---

[7] REQUENA JIMÉNEZ, M.: "La muerte en la antigua Roma", *Pasajes*, nº 59, 2020, pp. 70-93.

[8] ABASCAL PALAZÓN, J.M.: "La muerte en Roma: fuentes, legislación y evidencia arqueológica", *Arqueología de la muerte: metodología y perspectivas actuales, Fuenteovejuna 1990*, Córdoba, 1991, p. 4.

[9] REQUENA JIMÉNEZ, M.: "La muerte en la antigua..., p. 71.

tinuaría teniendo una influencia importante y duradera en los escritores del Nuevo Testamento y del pensamiento cristiano[10].

La concepción metafísica de la muerte tiene varias raíces: la filosofía griega, romana y la religión cristiana. El pensamiento de Sócrates respecto a la muerte lo conocemos a través de Platón, que afirma que para él la muerte no era un temor, pues había vivido su vida de manera buena y moral. Es decir, consideraba que para una persona virtuosa la muerte debía ser bienvenida, no así el suicidio, pues, consideraba, que las personas eran propiedad de los dioses y, por ello, no debían dañarse intencionadamente. Dado que creía en la inmortalidad del alma, pensaba que la muerte no podía ser mala. El alma, y no el cuerpo, era capaz de ver la verdad, y al morir buscaría el verdadero objetivo de la vida, que no era otro que la virtud y la felicidad. Para explicar el renacer del alma recurre a la naturaleza, pues así como de la descomposición de un cuerpo sale una nueva vida, lo mismo debía ocurrir con la muerte física del hombre[11].

Platón, en la línea de su maestro, considera que los humanos estaban compuestos de cuerpo y alma. Esta última tenía un origen divino y por tanto inmortal, y el cuerpo era algo físico y mortal, como una jaula para el alma. Con la muerte el alma escapaba, se liberaba y aspiraba a mejor vida, pero para ello era preciso alimentarla con conocimiento y virtudes durante el tiempo de vida del cuerpo. Quienes llevaran una vida justa serían premiados con los deleites celestiales, una vida acorde al bien y a la virtud, pudiendo aprender lo que no habían logrado en la vida terrenal. Convalida con estas ideas, por tanto, el principio del bien frente al mal, que adoptará el cristianismo.

Aristóteles comparte esas ideas, aunque considera que con la muerte se disuelve el cuerpo y el alma, perdurando solo los conocimientos adquiridos durante la vida[12]. Señala Laera que Aristóteles sostuvo que la muerta era la más terrible de las cosas y que temerla era justo y noble, y plantea la tesis de que es racional preocuparse por ella, entre otras razones porque se puede elaborar un discurso en el que se lamente la imposibilidad de intervenir en el mundo. Otra tesis sugiere que la muerte aflige perjuicios solo a quienes se preguntan por ella, porque el hecho en sí encierra un deseo de trascendencia,

---

[10] Ver LÓPEZ SACO, J.: "Muerte e inframundo en la antigua Roma: inmortalidad y eterna memoria. Presente y Pasado", *Revista de Historia*, nº 44, 2022, pp. 29-43.

[11] https://es.greekreporter.com/2021/08/04/opiniones-socrates-sobre-muerte-ayudaran-lidiar-miedo/.

[12] DÍAZ ALONSO, I.: "La muerte según Platón y Aristóteles", *Clarín de filosofía*, https://edublog.educastur.es/clarindefilosofia/2023/10/01/la-muerte-segun-platon-y-aristoteles/.

es decir, si se concibe la muerte como un límite se deduce una pregunta sobre su superación[13].

Epicúreos y estoicos compartían el mismo escepticismo ante el más allá y ante una hipotética salvación, y prefirieron optar por liberar al hombre de sus supersticiones empujándolo a un examen racional de su entorno y de sus temores, para así alcanzar la felicidad a través de la imperturbabilidad del alma, y en ese proyecto de existencia la muerte solo era un miedo más a superar. Estos pensamientos los conocemos por los trabajos de Cicerón (*De natura deorum*) y, sin duda, influyeron en la actitud de los romanos frente a la muerte. Así el filósofo Lucrecio Caro argumentaba que nadie debería preocuparse por la muerte a pesar de la inexistencia que ello supone, como no preocupa lo que fuimos en la etapa prenatal[14].

El cristianismo se ha ocupado del tema mortuorio con profusión. En las cartas de San Pablo -el documento más antiguo que existe sobre el cristianismo- se pone el acento en la muerte, en concreto, en la de Cristo, considerando que ésta fue el medio por el cual Dios salvaba al hombre[15]. Los pensadores cristianos de la Iglesia primitiva reaccionaron ante la filosofía clásica oponiéndose a ella, pero no sin contradicciones. Unos la asimilaron y se sirvieron de ella para la interpretación de la fe cristiana (Justino, Clemente y Orígenes), y otros la rechazaron (Taciano, Ireneo, Tertuliano, Hipólito)[16].

El filosofo Agustín Basave afirma que la muerte es uno de los grandes temas de la filosofía, de ahí que San Agustín la abordase de forma más profunda que como lo hizo la filosofía antigua, integrándola en la "sabiduría cristiana"[17]. Santo Tomás de Aquino al hablar de la muerte la definía como la pérdida de la vida, como la separación del alma del cuerpo, y ello implicaría que el alma sería más libre, más responsable y tendría conocimiento y conciencia[18].

---

[13] LAERA, R.: "La preocupación por la muerte", Proyecto de Investigación FFI200908557/FISO, financiado por el Ministerio de Ciencia e Innovación del Gobierno de España, *Problemata: R. Intern. Fil.* V. 4. N° 1, 2013, p. 110-133.

[14] ABASCAL PALAZÓN, J. M.: "La muerte en Roma: fuentes..., p. 10.

[15] VIAL DE AMESTI, C.: "La muerte según los Comentarios de Santo Tomás a las cartas de San Pablo", *FORUM, Supplement to Acta Philosophica*, V.5/1, 2019, pp. 339-351.

[16] BLÁZQUEZ MARTÍNEZ, J. M.: "Filosofía y cristianismo. El temor ante la muerte", en BLÁZQUEZ, J. M.: El *Mediterráneo y España en la antigüedad. Historia, religión y arte*, Madrid, 2003, pp. 463-506.

[17] BASAVE FERNÁNDEZ DEL VALLE, A.: *Metafísica de la muerte*, México, 1983, p. 17; EGUIARTE BENDÍMEZ, E. A.: "Filosofía de la muerte, según San Agustín", *Augustinus*, n° 39, 1994, pp. 219-240, *https://www. pdcnet.org>collectionánonymous.*

[18] VIVANCO SAAVEDRA, L.: Santo Tomás de Aquino y la muerte", *DIKAIOSYNE*, n° 36, Universidad de Los Andes, Venezuela, 2021; CERCÓS SOTO, J.: "Naturaleza, muerte y mal: notas sobre Tomás de Aquino", *Revista Española de Filosofía Medieval*, 1993, pp. 47-55.

En las cartas paulinas se hace referencia a la muerte como el "último enemigo que ha sometido todas las cosas bajo sus pies", y Santo Tomás al comentarlas afirma que es lo más hostil al hombre, lo más contrario a la vida, lo que le repugna, un mal que domina al ser humano no solo en el momento de la separación del alma y el cuerpo, sino antes (con el sufrimiento de la enfermedad, el hambre, la sed y los dolores que concluyen en la muerte). Pero, a la vez, distingue entre la muerte temporal y la espiritual o eterna, que consiste en la separación definitiva de Dios, consecuencia del pecado. Esta última sería, en realidad, el mayor mal que podría padecer el hombre[19].

En definitiva, antiguamente los cristianos concibieron la muerte como un castigo causado por el pecado original, momento en el que Dios expulsó a Adán y Eva del paraíso terrenal, y los condenó a una vida de esfuerzo y sufrimiento que finaliza con la muerte. Pero, a su vez, ésta daba paso a lugares de premio o castigo, dependiendo de lo vivido en la tierra, es decir, tras el Juicio Final y gracias al sacrificio de Jesús, se abría el paso a la vida eterna. Por tanto, entre los buenos cristianos desaparecería el temor a la muerte, pues estaban llamados a gozar del paraíso celestial, pero perviviría entre los pecadores, ante la perspectiva de tener en el infierno una condena eterna. Para evitar este castigo final se buscarán formas con las que expiar las culpas –extremaunción, indulgencias plenarias–, sirviendo el purgatorio como espacio de redención, tarea en la que tenían que contribuir los vivos (herederos o albaceas)[20].

En definitiva, el cristianismo aporta al individuo la alternativa de una vida eterna, y la muerte se considerará como la puerta a esa otra vida. Por ello, al afirmar la veracidad de otra existencia será natural ofrecer mecanismos, soportes y seguridad para llegar a ella, en definitiva, una esperanza. La muerte queda ligada al Juicio Final, y desde el siglo XIII se irá imponiendo la idea del purgatorio, como lugar del más allá en el que las almas expiarían las culpas. La Iglesia establecerá unos ritos específicos para la preparación a la muerte: extremaunción, comunión (viático) y confesión, y añadirán otras garantías para el paso o tránsito (misas, rezos del día del entierro, exequias, funerales, indulgencias, limosnas) y para cuando el difunto esté en el "más allá" añadirán más seguridad con misas cantadas o rezadas, agrupaciones en novenarios, treintenarios, cabos de año, etc[21].

---

19 VIAL DE AMESTI, C.: "La muerte según los Comentarios de..., pp. 339-351.

20 VALENCIA, A.: "La muerte para los cristianos", *https://www.senalmemoria.co/articulos/la-muerte-para-los-cristianos.*

21 RONQUILLO RUBIO, M., VIÑA BRITO, A.: "Actitud ante la muerte a través de los testamentos canarios del primer cuarto del siglo XVI", *XIII Coloquio de Historia Canario-Americana*, 1998, pp. 2310-2311.

Las expresiones populares atestiguan esa profunda vinculación entre muerte y Dios, así en Canarias son frecuentes expresiones como "Dios me lo dio, Dios me lo quitó", "Aquí estamos hasta que Dios quiera", y otras que hablan del momento trascendental de la muerte "la hora de la verdad"[22].

[22] SUÁREZ MORENO, F., MONGÓN GIL, J.M: *Proyecto educativo El Ciclo del Año en Canarias. Los finados y el culto a la muerte*, Consejería de Educación, Universidades, Cultura y Deportes del Gobierno de Canarias. Dirección General de Ordenación, Innovación y Calidad, 2022.

LA MUERTE A LO LARGO DE LOS SIGLOS EN ARONA

Ritualidad funeraria prehispánica y en los primeros tiempos de la colonización

La humanidad toma conciencia desde sus orígenes de que la vida es finita, y ha tratado de explicar y buscar respuestas a través de interpretaciones mágico-religiosas. El hecho mortuorio ha generado múltiples manifestaciones, desde el megalitismo de las primeras civilizaciones a la construcción de grandes mausoleos, incluyendo prácticas de conservación del cadáver, como en el caso de los antiguos canarios.

Mucho se ha escrito sobre las costumbres funerarias de los aborígenes canarios, empezando por las formas de enterramientos y terminando con los procesos de momificación, sin olvidar el análisis de la colocación del cadáver y la presencia o no de elementos vinculados a rituales o creencias funerarias.

Fray Alonso de Espinosa, en el siglo XVI, afirmaba que no había nación, por bárbara que fuera, que no honrase a sus difuntos, y así ocurría en Canarias. Rescata parte del procedimiento de mirlar el cuerpo, aunque se lamenta de que sus indagaciones no fueran todo lo fructíferas que hubiera querido, pues además de tardías (casi 100 años después de terminada la conquista), se enfrentaban a la resistencia a hablar de los guanches viejos *"con mucha dificultar y trabajo, acaudalar y entender, porque son tan cortos y encogidos los guanches viejos que, si las saben, no las quieren decir, pensando que divulgarlas es menoscabo de su nación"*[23].

Algunos hombres y mujeres se encargaban de esta labor, cada uno los de su sexo. Cuando se hacían cargo del cuerpo, después de lavarlo, le echaban por la boca ciertas mezclas hechas con manteca de ganado derretida, polvos de brezo, piedra tosca, cascara de pino y otras hierbas, cada día embutían el cuerpo con este ungüento y lo ponían al sol por espacio de 15 días, hasta que

[23] ESPINOSA, F. A. de: *Historia de Nuestra Señora de Candelaria*, Introducción de Alejandro Cioranescu, Ed. Goya, 1980, p. 45.

quedaba seco y mirlado (xaxo). Posteriormente la familia envolvía al difunto con cueros de ganado, previamente guardados a este fin y que, por la forma de la piel, servía para reconocer el cadáver. Los cueros los adobaban con mucho cuidado y los cosían con correas del mismo cuero. Algunos, posteriormente, ponían al difunto en un ataúd de madera incorruptible (tea), hecho de una pieza y tallado a la forma del cuerpo. Finalmente lo llevaban a alguna cueva inaccesible o a algún risco sajado, donde nadie pudiese llegar, y allí lo depositaban. Los hombres y mujeres que tenían el oficio de mirlar no tenían trato con los demás, pues se les consideraba contaminados e inmundos, solo se relacionaban entre ellos[24].

Abreu Galindo recogía a principios del siglo XVII al hablar de los ritos de los guanches, que cuando los hombres iban a la guerra llevaban a sus mujeres, entre otras razones, para que se ocupasen de enterrarlos en sus cuevas, si morían. Ofrece más detalles sobre el embalsamamiento, como que el cuerpo del difunto se colocaba sobre lajas, le vaciaban el vientre, y cada día se le lavaban las partes débiles (sobacos, detrás de las orejas, ingles, ...) con agua fría, y después lo untaban con manteca de ganado con carcoma de pino, brezo y polvos que hacían de piedra pómez. Cuando el cuerpo estaba enjuto, los parientes del muerto lo cubrían con cueros de cabras o de ovejas sobados, los liaban con correas muy fuertes y lo depositaban en las cuevas que cada uno tenía destinado para su entierro[25]. Al rey, cuando moría, tenían que llevarlo a la sepultura donde tenía sus antepasados, y los colocaban por orden[26].

Al mundo de las creencias se refiere Viera y Clavijo *"Nada quizá es tan interesante en la historia de nuestros antiguos isleños como el singular desvelo con que se esmeraron en honrar la memoria de sus difuntos y preservar la corrupción"*, descubriendo en cierto modo el secreto de eternizarse y, así, compara los xaxos a las momias o cadáveres embalsamados de los antiguos egipcios[27]. Describe la momificación indicando que para iniciar el proceso se utilizaba una tabona o cuchillo de pedernal, y después de ser extraídos los sesos, los intestinos y demás entrañas, otra persona se ocupaba del embalsamamiento, tarea más piadosa y más susceptible de honor, que requería lavar dos veces al

[24] ESPINOSA, F.A. de: *Historia de Nuestra Señora ...*, pp. 44-45.
[25] VIERA Y CLAVIJO, J. de: *Historia de Canarias*, Ed. Goya, 1967, P. 165; ARTILES SÁNCHEZ, J.: "La liturgia exequial de la Iglesia, expresión de la situación social de cada momento", *Nacimiento, matrimonio y muerte en Canarias*, Ed. Enroart, 2009, p. 96; MEDEROS MARTÍN, A., ESCRIBANO COBO, G.: *Arona y el menceyato de Abona en la prehistoria*, Ayuntamiento de Arona, 2022, p. 144.
[26] ABREU GALINDO, F.J. de: *Historia de la conquista de las siete Islas de Canarias*, Edición crítica con Introducción, notas e índice de Alejandro Cioranescu, Ed. Goya, Santa Cruz de Tenerife, 1977, pp. 299-300.
[27] VIERA Y CLAVIJO, J. de: *Historia de Canarias*, Ed. Goya, 1982, T. I, p. 169.

día, con agua fría y con sal, las partes más endebles del cuerpo (nariz, orejas, ingles, ...), cubriendo el cuerpo posteriormente con ungüentos de manteca de cabras, hierbas aromáticas, corcho de pino, resina de tea, polvo de brezo, piedra pómez y otros absorbentes y secantes, exponiendo el cuerpo al sol durante 15 días. Finalmente, los parientes del difunto celebraban sus exequias con una gran pompa de llanto, y cuando el cadáver estaba ya enjuto y liviano, le amortajaban y envolvían en pieles de ovejas y de cabras curtidas o crudas y con alguna marca para distinguirle entre las demás momias.

La utilización de una caja o cajón de sabina o tea la circunscribe, como también lo hacía Núñez de la Peña en 1676, a los reyes y personajes más destacados, pues a los villanos se les depositaba sobre pieles, trasladándolos posteriormente a cuevas inaccesibles. En estas necrópolis los cuerpos se arrimaban verticalmente a las paredes o se colocaban ordenadamente sobre repisas. Estos cadáveres o xaxos duraban muchos años, poniendo de ejemplo el hallazgo del Barranco de Erques, en Abona (cueva de las 1.000 momias). Los hombres se colocaban con los brazos extendidos sobre los muslos y las mujeres con las manos juntas hacia el vientre[28]. Como se creía en otra vida, la familia debía ofrecerles líquidos y alimentos *"el alma tenían por inmortal hija de Magec, que padece afanes, congojas, angustias, sed y hambre, y llevanles de comer a las sepulturas los maridos a las mugeres, y ellas a ellos"*[29].

Los enterramientos se realizaban en cuevas naturales, pues no consta que se realizaran, como en Gran Canaria, en cuevas artificiales, túmulos en terrenos pedregosos o en fosas en cementerios[30].

Con la momificación se preservaba el cuerpo del fallecido, lo que probablemente responda a creencias religiosas, pero también a un signo de diferenciación social, pues no todos los cuerpos eran tratados. Con el mirlado se honraba al difunto, pero no debemos olvidar que el mantenimiento del linaje gobernante era importante, pues el heredero debía jurar por el cuerpo embalsamado o mirlado de un antepasado, es decir, hacía promesa solemne

---

[28] ESPINOSA, F.A. de: *Historia de Nuestra Señora...*, p. 27; VIERA Y CLAVIJO, J. de: *Historia de...*, T. I, pp. 169-176I; MEDEROS MARTÍN, A., ESCRIBANO COBO, G.: *Arona y el menceyato...*, p. 139; NÚÑEZ DE LA PEÑA, J.: *Conquista y Antigüedades de las Islas Canarias y su descripción, con muchas advertencias de sus privilegios, conquistadores, pobladores y otras particularidades de la Isla de Tenerife. Dedicado a la milagrosa imagen de Nuestra Señora de la Candelaria,* 1676, Edición de 2006, p. 34.

[29] MEDEROS MARTÍN, A., ESCRIBANO COBO, G.: *Arona y el menceyato de Abona ...*, p. 144.

[30] ALBERTO BARROSO, V., VELASCO VÁZQUEZ, J., DELGADO DARIAS, T., MORENO BENÍTEZ, M.A.: (2020). "Los antiguos canarios ante la muerte. Tradición vs. ruptura", *Actas XV Semana Científica Telesforo Bravo.* Instituto de Estudios Hispánicos de Canarias. Puerto de la Cruz, pp. 13-40.

por los huesos de sus antepasados[31]. Tejera Gaspar y González Antón se hacen eco de esas diferencias sociales en el hecho funerario, pues son muchos los cadáveres no momificados, y a la vista de enterramientos colectivos se advierte una diferencia entre cuerpos no momificados, cuerpos de momificación imperfecta y los que conservan la integridad corpórea[32], defendiendo algunos autores que solo en el caso de los menceyes se llevaba a cabo la extracción de vísceras, pues ello permitirá una mejor conservación del cadáver[33].

El tamaño de las cuevas sepulcrales indica si estaban llamadas a albergar uno o varios cadáveres. Se solían utilizar para este fin las que presentasen peores condiciones de habitabilidad, por ejemplo, las de difícil acceso, escasa aireación, etc. Los enterramientos aislados son excepcionales y, probablemente, responden a muertes accidentales en zonas muy alejadas de las viviendas. Así como el mirlado parece una práctica reservada a los reyes o nobles, también el linaje de los menceyes contaba con sus propias necrópolis, pues Espinosa recogía como un pariente del mencey de Güímar había sido enterrado en la necrópolis de la familia del mencey en Guadamojete (El Rosario), lo que sugiere que pudiera haber una cueva para los reyes y nobles en cada menceyato[34]. En las cuevas funerarias se construían normalmente muros en las entradas, no solo para evitar la entrada de animales carroñeros, sino para ocultar en la distancia la entrada, pues en caso contrario las bocas de las cuevas se verían como espacios de sombras[35]. Desafortunadamente en el siglo XVIII comenzó un proceso de expoliación de estas necrópolis que llegó hasta el siglo XX.

En general, los aborígenes no se enterraban en contacto con la tierra, sino que se depositaban en lechos de piedra, vegetales, pieles o en huecos de las rocas. A veces alrededor del cadáver se añadía una protección de piedras o maderas. A tenor de algunos yacimientos situados en el Sur de la Isla, podemos deducir que los cuerpos se colocaban en una especie de alfombra o estera formada por vegetales (cardones, brezos, pinos, leña blanca), tablones de madera de pino, sabina y retama o cedro, pieles de oveja o cabras, enlosados de piedra, rellenos de gravilla, aprovechándose también los salientes naturales

---

[31] LÓPEZ DE ULLOA, F.: *Historia de la conquista de las siete islas de Canarias*, 1646, Ed. Idea, 2010, p. 316.

[32] TEJERA GASPAR, A., ANTÓN GONZÁLEZ, R.: *Los aborígenes canarios, Gran Canaria y Tenerife*, Ed. Istmo, 1987, pp. 195-196.

[33] Ibídem, p. 197.

[34] MEDEROS MARTÍN, A., ESCRIBANO COBO, G.: *Arona y el menceyato de Abona...*, p. 140.

[35] Ibídem, p. 137; ESPINOSA, F.A. de: *Historia de Nuestra Señora...*, p. 45.

de las cuevas que se utilizaban como repisas o nichos, delimitándose los enterramientos con hileras de piedra para impedir el desplazamiento del cuerpo[36].

La tumba era objeto de visita por parte de sus descendientes, al menos en el caso de los menceyes *"hazian largas romerías a vicitar los huezos de sus cepulchros en todo semejantes a los canarios, y en particular havia lo mas frecuentes en el pico del Teide"*[37]. Poco más se conoce sobre un posible culto a los antepasados, como pudiera ser la realización de ofrendas, pero ello se desprende del hecho de que los nuevos menceyes juraran su cargo por los "huesos de su predecesor y pariente, que había dejado santa memoria y gran reputación"[38]. Otros autores hablan de la comitiva que trasladaba el cadáver *"Al tiempo que querían enterrar al rey muerto, habialo de llevar a cuestas el más honrado del pueblo y enterrarlo y, puesto en la sepultura, todos a una decían a voces: ¡Vete a la salvación!"*[39].

Quizás la falta de espacio explique el hecho de que algunos cadáveres se situaran de pie y otros sentados[40].

El sanmiguelero Bethencourt Alfonso describió algunas de las cuevas sepulcrales encontradas, por ejemplo, las del Barranco de la Orchilla, coincidiendo la descripción de los lechos donde descansaban los cuerpos con lo dicho anteriormente. A Bethencourt Alfonso se deben las primeras referencias historiográficas de la necrópolis del Barranco de Amara, lo mismo ocurrirá con Los Salones de Guaza o Fajana, donde se hallaron varios cuerpos, algunos de ellos momificados, o una cueva en Cho. En otros yacimientos se encontraron piezas de gran interés para el estudio de las creencias, como es el caso de los ídolos o "santitos" de los guanches, como los llamaban los cabreros, encontrándose en el Barranco del Rey algún molino y vasijas con manteca y bálsamo de los guanches.

Luis Diego Cuscoy, durante su residencia en Arona, tuvo noticas de un enterramiento en las laderas del Roque Igara. Pese al expolio sufrido, según sus estudios, pudo contener hasta cuatro cuerpos, y quedaban restos óseos, cuen-

---

[36] MEDEROS MARTÍN, A., ESCRIBANO COBO, G.: *Arona y el menceyato de Abona...*,p. 139; NÚÑEZ DE LA PEÑA, J.: *Conquista y Antigüedades de las Islas Canarias y su...*, p. 34.
[37] MARÍN DE CUBAS, T.A.: *Historia de las Siete Islas de Canaria,* p. 279, en MEDEROS MARTÍN, A., ESCRIBANO COBO, G.: *Arona y el menceyato de Abona...*,p.143.
[38] TORRIANI, I.: *Descripción e historia del reino de las Islas Canarias antes Afortunadas, con el parecer de sus fortificaciones*, 1978, p. 177, en ANTÓN GONZÁLEZ, R., TEJERA GASPAR, A.: *Los aborígenes canarios...*, p. 198.
[39] CASAS, B. de las: *Historia de las Indias*, I-III, p. 117, MEDEROS MARTÍN, A., ESCRIBANO COBO, G.: *Arona y el menceyato de Abona...*,p. 148.
[40] SEDEÑO, A.: *Breve resumen e historia muy verdadera de la conquista de Canarias*, p. 376, en MEDEROS MARTÍN, A., ESCRIBANO COBO, G.: *Arona y el menceyato de Abona...*,p. 149.

tas de un collar, trozos de leña blanca, etc.[41], localizándose en sus proximidades otra cueva funeraria. En otros lugares, como en el Barranco de Chija, se han localizado cuevas funerarias y, sin duda, el Roque de Jama debió albergarlas, pero es cierto que no solo han podido ser víctimas de expolios, sino que su explotación como canteras pudo determinar la pérdida de esos enterramientos. No obstante, en la relación de yacimientos arqueológicos de 2023 encontramos cuevas sepulcrales en el Barranco de Chimaca, en el Barranco de Arafo, en el Barranco de Chija, en Llano Azul, en la Montaña del Mojón, en Montaña la Caraba, en el Roque Igara y en el Roque La Abejera[42]. La tradición oral habla de la existencia de enterramientos guanches en un buzo o tubo volcánico que existió en Buzanada, y que a raíz del desarrollo urbanístico del lugar fue sellado para acoger las aguas negras, sin embargo, resulta extraño que Cuscoy que trabajó en sus proximidades no hiciera mención a esos enterramientos.

Cabría plantearnos cómo fue el tránsito de la práctica funeraria aborigen a la cristiana. La conquista de las Islas implicó una rápida evangelización, lo que se concretará en la creación de templos y en la adopción por parte de los naturales del ceremonial que en torno a la muerte introducían los recién llegados. El Nuevo Testamento se ocupa del sentido de la vida, y señala que una vez superados los límites de la muerte se atisba la eternidad que Dios ofrece, y con este mensaje, presumimos que una vez cristianizados los naturales adoptarían las costumbres de los nuevos pobladores. No obstante, en lugares aislados, como era el Sur de Tenerife, seguramente perduraron las costumbres aborígenes durante un tiempo. Así parece indicarlo el hecho de que en 1505 se denunciara que se había visto el entierro de cadáveres en un antiguo sepulcro cerca de Telde (Gran Canaria), y que existieran ciertos relatos sobre antiguas tumbas atendidas por una comunidad aborigen en Güímar en el siglo XVII, lo que supondría la existencia de aborígenes que seguían conservando rituales antiguos y atávicos.

De hecho, el Cabildo de Tenerife consciente del problema de evangelizar a los aborígenes en zonas aisladas, daba órdenes en 1511 para que fueran a vivir a las ciudades a fin de facilitar su conversión[43], disposición difícilmente realizable. Y, todo ello, sin tener en cuenta que en las primeras décadas no se habían construido templos, lo que nos lleva a pensar que debieron utilizarse

[41] DIEGO CUSCOY, L.: *Entre pastores y ángeles*, Imprenta Católica, Santa Cruz de Tenerife, 1941, reed. M. Brito, Ayuntamiento de Arona, 1998, pp. 41-46.

[42] PÉREZ CAMAÑO, F., SOLER SEGURA, J., PERDOMO PÉREZ, C.: *Arona. Una aproximación al paisaje arqueológico guanche*, Cultania Libros, Instituto de Estudios Canarios, 2023, pp. 204-228.

[43] FERNÁNDEZ ARMESTO, F.: *Las Islas Canarias después de la conquista. La creación de una Sociedad Colonial a principios del siglo XVI,* Cabildo Insular de Gran Canaria, 1997, p. 279.

lugares determinados para realizar las inhumaciones, y que ese fuera incluso el sentido de la creación de las primeras ermitas, caso de la de San Pedro de Vilaflor, convertida en 1568 en Beneficio de Abona, con dotación de parte de las rentas del Beneficio de Daute[44].

Recordemos que las tierras del Sur de Tenerife no resultaban atractivas para los nuevos pobladores, lo que explica su baja densidad demográfica, pues en la tazmía realizada por el Cabildo lagunero en 1531 se asignaba a Abona una población de 283 habitantes, cifra que se irá elevando a lo largo del siglo, pues en 1584 se señalaba la existencia de 200 vecinos, aunque probablemente este número se abultó, pues se utilizaba para pedir la creación de un oficio de escribanía[45].

La muerte en el Antiguo Régimen

El territorio que conforma el municipio de Arona fue hasta finales del siglo XVIII parte de la jurisdicción chasnera, por tanto, desde el punto de vista religioso dependió del Beneficio de Abona –creado en 1560 por R.O. dada en Toledo–, establecido en 1568 en la Ermita de San Pedro Apóstol, templo que data de la década de 1530. Su conversión en Iglesia permitiría administrar los santos sacramentos, entre ellos el de unción de los enfermos o extremaunción, consistente en trazar una cruz con un óleo sagrado en la frente y en las manos de un enfermo o anciano para prepararlo para su encuentro con Dios, administrando seguidamente el viático o última comunión al moribundo. El sacerdote portaba el viático e iba acompañado del sacristán que llevaba un farol y una campanilla. A su paso los vecinos se descubrían y arrodillaban, y en ocasiones acompañaban con hachas al párroco[46].

Desde la creación del Beneficio los vecinos de Vilaflor y los de los pagos de Arico, Granadilla, San Miguel y Arona tuvieron un lugar de enterramiento en el templo de San Pedro Apóstol, espacio funerario que se ampliará con la construcción del Convento agustino de Vilaflor en 1613[47], aunque existen referencias a enterramientos hechos en las pequeñas ermitas levantadas en

[44] PÉREZ BARRIOS, C.R.: *La Historia de Arona*, CCPC, Ayuntamiento de Arona, Cabildo de Tenerife, 1996, p. 23.

[45] DÍAZ FRÍAS, N.: *La Historia de Vilaflor de Chasna*, CCPC, Ayuntamiento de Vilaflor de Chasna, 2002, T. I, p. 256.

[46] ROQUERO USSIA, M.R.: "Las costumbres funerarias en San Sebastián. Siglos XVI-XIX", *Boletín de Estudios Históricos sobre San Sebastián*, nº 51, 2018, pp. 19-161.

[47] DÍAZ FRÍAS, N.: *La Historia de Vialflor...*, T. I, pp. 125, 128, 202; PÉREZ BARRIOS, C.R.: *La Historia...*, p. 23; VIERA Y CLAVIJO, J. de: *Historia de Canarias*, T. II, Ed. Goya, 1982, p. 776.

tan extenso territorio. Esta situación se mantuvo hasta que en los distintos pagos fueron erigiéndose nuevas Iglesias-parroquiales, que se segregaban de la matriz de Vilaflor, en el caso de Arona en 1796.

En el Nuevo Testamento se descubre lo que Dios tiene preparado para la eternidad, y la muerte de Jesucristo se interpreta como una forma de liberar las cadenas, pues no solo se produciría la resurrección del espíritu sino de la carne, que participaría en la vida divina. La Iglesia será la encargada de espiritualizar el acto de la muerte, capitalizando el principio de la salvación del alma. La vejez, sobre todo, se presenta como un tiempo para enmendar la vida, con el objetivo de un buen morir. El evidente final de la vida se convierte en un combate entre la condenación y la salvación eterna, y esto exigía una confesión general que evitase los remordimientos de la conciencia.

Pese al desprendimiento del alma, el cuerpo seguía siendo su santuario, por lo que el cadáver era objeto de rituales que aproximaban al creyente a la salvación, es decir, el destino del alma seguía estando ligado al cuerpo, produciéndose una especie de simbiosis, y su purificación podía hacerse, por ejemplo, vistiéndolo con un determinado hábito (franciscano, agustino) y, por supuesto, depositándolo en un lugar sagrado a la espera de la resurrección[48]

El testamento

El estado físico, la situación familiar, los problemas económicos, los cargos de conciencia, condicionarán la actitud del individuo al enfrentarse a la muerte y, por tanto, también su testamento. A través de este documento el otorgante diseñaba sus últimos momentos en la vida conocida y los primeros en la desconocida. Es decir, los parámetros espacio-tiempo que le habían servido en la vida le ayudarán a adentrarse en el más allá, lugar que era descrito por la Iglesia como si lo conociera: cielo, infierno, purgatorio en términos espaciales, y salvación o condenación eterna en términos temporales. Así desde la designación de la tumba hasta la programación de las misas son decisiones que estaban dentro del procedimiento establecido por la Iglesia para la salvación del alma[49], pues la celebración de exequias tiene como fin honrar el cuerpo del difunto, ofreciendo la ayuda espiritual necesaria para la salvación de su alma, pero a la vez se da el consuelo de la esperanza a los vivos.

---

[48] HERNÁNDEZ GONZÁLEZ, M.: *La muerte en Canarias en el siglo XVIII (un estudio de historia de las mentalidades)*, CCPC, 1990, p. 119; HERNÁNDEZ GONZÁLEZ, M.: *Enfermedad y muerte en Canarias en el siglo XVIII*, Ed. Idea, T.II, 2004, pp. 31, 37.

[49] Ver RONQUILLO RUBIO, M., VIÑA BRITO, A.: "Actitud ante la muerte a través de ..., p. 2.312.

La muerte podía sobrevenir por motivos de edad, por enfermedad o de forma accidental. Los dos primeros factores de riesgo llevan a muchos a otorgar testamento, por lo que hacen referencia a su estado de salud, pero dejando claro que su conocimiento o estado mental estaba bien, así, por ejemplo, Ángela de Medina, vecina de Arona manifestaba *"estoy enferma en la cama pero en mi seso, memoria y entendimiento tal cual Dios Nuestro Señor ha sido servido de me dar"*; Ana González, declaraba *"estoy enferma del cuerpo y sana de mi memoria"*[50], y Catalina de Medina, viuda de Lucas Francisco, en testamento hecho en Arona en 1705, tras referirse a su salud *"estando en mi sano juicio y entendimiento cual Dios Nuestro Señor fue servido de darme y viéndome gravada de la senectud y achaques y estando sujeta a la muerte y están los que han nacido y no sabiendo cuando Dios me llamará..."*, ordenaba su testamento. Después de esta declaración se recogían las mandas espirituales y, por último, las económicas. En el caso de Catalina de Medina, la testadora mandaba, entre otras, que de los 400 reales y 6 cuartos que le debía su yerno, Antonio de Armas, por la compra de un pedazo de tierra en Arona, se fueran pagando las mandas y legados establecidos para el bien de su alma, y entre sus bienes declaraba poseer un tercio del heredamiento de Los Cristianos[51].

El testamento facilitaba el ceremonial fúnebre. Al producirse un fallecimiento alguien presentaba el testamento y se cumplía lo allí ordenado. En el caso de no haber testamento el entierro y los funerales se hacían con la pompa correspondiente a la situación socioeconómica del difunto, lo que se determinaba confeccionando un inventario de bienes. Los Beneficiados y curas tenían la obligación de enviar al Obispo todos los años el padrón de los testamentos, para no sufrir perjuicios tanto en los ingresos eclesiásticos como en los de las cofradías y hermandades[52].

De los testamentos conservados en la Iglesia de Vilaflor el más antiguo es el otorgado por Alonso de Berganciano, el viejo, en 1623. De lo poco conservado se desprende su inquietud por la salvación eterna, pues dejaba a su nieta, entre otros, un trozo de tierra por encima del Almácigo, en Arona, con la obligación de que ella y sus sucesores mandasen decir una misa cantada por su alma el día de la Natividad de la Virgen, en concreto la segunda misa –la primera la debía decir Gaspar Soler–, pagándose la limosna correspondiente (6 reales), con la condición de que el Beneficiado se encargara de la cera, y en caso de que este no accediese mandaba se la dijeran en otro lugar. Para garantizar esta carga

[50] DÍAZ FRÍAS, N.: *Testamentos aroneros (Siglos XVII y XVIII), Una visión de la vida en Arona a través de los testamentos otorgados por sus vecinos*, Ed. Idea, 2011.T. I, p. 183; T. II, p. 153.
[51] DÍAZ FRÍAS, N.: *Testamentos aroneros (Siglos XVII y XVIII)...*, T. I, p. 493.
[52] HERNÁNDEZ GONZÁLEZ, M.: *Enfermedad y muerte en...*, T. II, p. 98.

ordenaba que si las tierras se vendían, debían mantener la carga indicada. Su hijo, en 1632, mostraba también su preocupación por la salvación y, así, tras disponer que se le enterrara en la sepultura de sus padres en la Iglesia de Vilaflor, impuso sobre unos bienes situados en Jama una obligación de una misa cantada y perpetua, en la citada Iglesia, a la Virgen de Candelaria[53].

Los testadores, con mayor o menor extensión, hacen reconocimiento de su fe, como podemos ver a continuación:

- Diego de la Sierra en 1683 comenzaba sus últimas voluntades declarando sus creencias religiosas: *"En el nombre de Dios amén. Sepan cuantos esta carta de mi testamento vieren como yo ...vecino del valle del Ahijadero, término del lugar de Vilaflor, estando como al presente estoy sano del cuerpo en mi entero juicio y conocimiento ..., creyendo con firme fe como católico cristiano en el misterio de la Santísima Trinidad, Padre, Hijo y Espíritu Santo, tres personas distintas y un solo Dios verdadero y en todos los demás misterios de fe que cree y confiesa nuestra Santa Madre Iglesia Católica Romana, debajo de cuya creencia he vivido y protesto vivir y morir como fiel y buen cristianos, temiéndome de la muerte, que es cosa natural, deseando salvar mi alma, otorgo mi testamento..."*.
- En los testamentos de Miguel Hernández de Fuentes y de Águeda González (1756), su mujer, podemos leer también su declaración de fe: *"fiel y católicamente en el misterio de la Santísima Trinidad... y todo aquello tiene y confiesa la Santa Iglesia Romana debajo de esta católica fe y creencia he querido vivir y morir, en los que Dios Nuestro señor no permita por persuasión del demonio y por dolencia grave en el artículo de nuestra muerte o en otro cualquiera tiempo alguna cosa contra esto que confieso y creo"*.
- En La Hondura, en 1706, Baltasar de Torres Bencomo mostraba también sus creencias: *"En el nombre de Dios todopoderoso Padre, Hijo y Espíritu Santo, tres personas distintas y un solo Dios verdadero, yo Baltasar de Torres Bencomo, estando como me considero por la gravedad de mi achaque más próximo a morir que a vivir, digo que de buena voluntad ofrezco y entrego mi alma a Dios... y declarando haber recibido los dos sacramentos de eucaristía y extremaunción de que doy a su majestad las gracias por haberme dado tiempo para recibirlos como verdadero católico..."*.
- El Capitán de Milicias Aparicio González Natural y su mujer María García, residentes en Arona en 1692, después de declarar su cristiandad, ponían por intercesores a la Divina Majestad la Virgen María y a los Santos de sus nombres, pidiéndole a la Virgen que *"lleve nuestras almas*

[53] DÍAZ FRÍAS, N.: *Testamentos aroneros (Siglos XVII y XVIII)...*, T. I, pp. 53,60.

cuando de esta vida pasen a gozar de la patria celestial para que fueron criados, queriendo estar apercibidos para morir por ser cosa natural"[54].

Los testamentos servían para determinar el patrimonio, quiénes eran los herederos, las deudas pendientes, las dotes y las donaciones realizadas y explicaban cómo se debía repartir la herencia. En esta ocasión nos interesan las cláusulas de tipo espiritual, en concreto cómo debía ser el entierro y lo dispuesto respecto a la salvación del alma: mortaja, paradas en la calle, acompañamiento, señalamiento de sepulcro, limosnas, honras para la salvación del alma y señalamiento de bienes para cubrir estos gastos. Permite esta información presuponer la posición económica del testador, aunque hay que advertir que, dada la escasa productividad de las tierras sureñas, los más acomodados podían pasar por pobres en las bandas del norte, mucho más fértiles.

Los testamentos consultados nos permiten comprobar que el principal motivo para testar era la vejez o la enfermedad grave, sin olvidar los picos epidémicos. Por tanto, en su mayoría los autores son personas mayores. Sí que advertimos un mayor número de testamentos de mujeres, pero tenemos que tener en cuenta que estas escrituras están otorgados ante testigos, redactados por algún vecino docto, por el párroco o por el fiel de fechos, ante ausencia de escribano, pudiendo considerar que los hombres, por su mayor movilidad y actividad económica, podían otorgar testamento ante los escribanos de Abona, de La Orotava, etc. No obstante, como señala Díaz Frías, la mayoría de los testamentos otorgados y conservados en la Iglesia de Vilaflor y en la de Arona, respondían al deseo de establecer las cláusulas dirigidas a la salvación del alma, pues el patrimonio dejado en herencia, en la mayoría de los casos, era muy escaso[55].

El velatorio y el duelo

En el velatorio se escenificaba el dolor, sincero o fingido, sobre todo en las clases populares. Las emociones se trasladaban en forma de gestos en el momento de exposición del cadáver en la casa mortuoria. Entre ellos estarían los llantos y la retirada o el tapado de adornos y cuadros de la casa, sobriedad y recogimiento con el que se manifestaba la tristeza por la pérdida de un morador. Existían roles diferenciados para los hombres y las mujeres, así tomando lo referido para otras zonas de Canarias, podríamos considerar que ellas tras una muerte, cubiertas las cabezas y caras con tejidos negros, lloraban la pérdida y recibían las visitas.

---

[54] DÍAZ FRÍAS, N.: *Testamentos aroneros (Siglos XVII y XVIII)...*, T. I, pp. 272, 369, 526, 328-334.
[55] Ibídem, T. I, p. 30.

Otros testimonios hablan de la costumbre de rodear al enfermo, y en el momento de exhalar el último suspiro, los concurrentes estallaban en un llanto ruidoso que duraba hasta que lo llevasen a enterrar, momento en el que aumentaba el dramatismo. La figura de las lloronas o plañideras era habitual y por su labor se les llegaba a pagar, en particular en el caso de las élites sociales. Estos llantos podían ir acompañados de loas al difunto, que podían ser sentidas y verdaderas pero que también podían ser simples teatralizaciones, llegándose incluso a airear públicamente las desgracias o desventuras vividas por el difunto[56].

Los hombres se mostraban luctuosos en su vestimenta, algunas veces enmascarados, y con una actitud recogida mostraban los roles asignados a su género: fríos y silenciosos, mientras las mujeres –emotivas y temperamentales–, mostraban su duelo de forma más dramática. Esa gran expresividad de las mujeres dolientes llevó incluso a que se les prohibiera entrar en la Iglesia en el momento del sepelio, pues con sus llantos y gritos restaban solemnidad a los oficios religiosos que se realizaban por la salvación del alma del difunto[57], de hecho en Garachico se recordaba a principios del siglo XX que un decreto del Obispo Fernando de Rueda, en 1584, había mandado que *"ninguna mujer, ni hija, ni hermana del difunto, fuese a los entierros, como era costumbre, a llorar en la iglesia, y a estar besando, abrazando y tocando el cuerpo cadáver, como si fuesen gentiles"*[58]. Esta práctica, en parte, ha subsistido hasta la actualidad, pues en líneas generales son los hombres los que acuden al cementerio en el momento de la inhumación, protagonismo que en el velatorio lo tienen ellas –rodeando al difunto y acompañando a la familia– mientras que los hombres son los encargados de portar el féretro.

La mortaja

Las mortajas podían variar, dependiendo de los recursos económicos del difunto o de su deseo de escenificar la sencillez. Algunos indicaban su voluntad de ser enterrados con una sábana blanca, en señal de humildad, otros utilizaban los hábitos de la hermandad a la que pertenecían o de otras advocaciones, caso de la de San Francisco y San Agustín, y a veces destinaban para ello algún manto que guardaban con este fin. Los religiosos y militares utilizaban sus vestimentas, hábitos y uniformes.

[56] HERNÁNDEZ GONZÁLEZ, M.: *Enfermedad y muerte en...*, T. II, p. 99.
[57] Ibídem, p. 102.
[58] BETHENCOURT ALFONSO, J.: *Costumbres populares Canarias de Nacimientos...*, p. 267.

Entre las mortajas podemos citar, a título de ejemplo, la de María de Abreu, viuda de Juan de Linares, que mandaba en 1693 se le enterrara con la túnica de San Francisco *"para ganar los perdones que son concedidos a los que en él mueren y se entierra para la salvación de mi ánima"*[59]. Este hábito seráfico fue elegido también por María Antonia, viuda de Gaspar Hernández, en el mismo pago, según disposición de 1706[60], por Bernabé González en 1706[61] y por Fernando Tacoronte en 1711, deseo que este último expresaba en el Ahijadero en los siguientes términos: *"porque quiero y es mi voluntad morir y ser enterrado en él para ganar los perdones que son concedidos a los que en él mueren y se entierran para la salvación de mi alma"*[62].

La devoción hacia San Francisco se observa no solo en el deseo de utilizar su hábito en el momento solemne de partida, sino también a la hora de encargar misas a dicha orden religiosa, por ejemplo, Estacio Rodríguez (Arona) en 1692 pedía que el párroco le aplicase por su alma 10 misas, otras 10 el prelado del Convento agustino y otras 10 el del Convento franciscano de Adeje, pagado todo de sus bienes.

El hábito del patriarca San Agustín era elegido en 1742 por Francisca Suárez, mujer de Bartolomé Hernández, túnica que había hecho con un manto que tenía. Se le debía enterrar en la capilla del Rosario, en la Iglesia de San Pedro, en concreto en la sepultura que le pertenecía como mujer que era de un hermano del Santísimo Sacramento. Debía acompañarla el Beneficiado con la Cruz alta, ocupándose sus albaceas del resto de los detalles del funeral. Ana González, residente en La Hondura, manifestaba también su deseo, en 1723, de ser sepultada con esta vestimenta en la tumba donde reposaba su marido, en el Convento[63].

La mortaja blanca, como símbolo de humildad y pureza, a imagen de la muerte de Cristo o de la humildad de la Virgen, fue la opción elegida por Luis Afonso en 1709 – testamento otorgado en el Ahijadero–, pues mandaba que se utilizara una sábana blanca, y ello pese a tener posibles, pues su sepultura

---

[59] DÍAZ FRÍAS, N.: *Testamentos aroneros (Siglos XVII y XVIII)...*, T. I, p. 339.

[60] De ofrenda dejaba dos almudes de trigo y 2 cuartillos de vino que se pagarían de sus bienes: DÍAZ FRÍAS, N.: *Testamentos aroneros (Siglos XVII y XVIII)...*, T. I, p. 516.

[61] DÍAZ FRÍAS, N.: *Testamentos aroneros (Siglos XVII y XVIII)...*, T. I, pp. 520-521.

[62] Otras disposiciones iban desde señalar el lugar de la tumba (capilla del Rosario), hasta las misas por su alma, un total de 50 rezadas (25 a la Virgen del Rosario y 25 a la Santísima Trinidad). El día de su entierro le debía acompañar el Beneficiado de la parroquia con la Cruz y la comunidad de San Agustín, más todos los religiosos que fueran a decir misas por su alma ese día y honras: DÍAZ FRÍAS, N.: *Testamentos aroneros (Siglos XVII y XVIII)...*, T. I, pp. 556-557.

[63] DÍAZ FRÍAS, N.: *Testamentos aroneros (Siglos XVII y XVIII)...*, T. I, p. 312; T. II, p. 217; T. I, p. 617.

en la Iglesia de San Pedro era la de sus padres, y en su "último viaje" quería ser acompañado por el Beneficiado, con Cruz y capa, y por la comunidad de frailes agustinos, señalando como limosna 24 reales por los dos días. No obstante, prevé que si esta cantidad no resultase suficiente, se le aplicase solo en misas; Matías González en 1742 optaba también por este tipo de mortaja. María de Mena, por su parte, manifestaba en Arona su deseo de ser enterrada con un manto negro, en la sepultura de sus antepasados[64].

El entierro

El entierro era trascendental para cualquier persona, como señala el profesor Hernández González[65], pues con él se iniciaba el tránsito hacia la inmortalidad. Su costo era alto, difícil de afrontar para los que tuvieran un simple salario o unas exiguas rentas, ya fueran producto de la agricultura, de la práctica ganadera o de la pesca, por ello las cofradías fueron un instrumento esencial para garantizar la salvación en el más allá.

Los hermanos o cófrades se aseguraban las plegarias y veían garantizado su entierro, pues estas formaciones tenían sus propios sepulcros en la Iglesia. El entierro corría a cargo de la cofradía, su palio recibía el ataúd y sus miembros participaban en el séquito. Tan solo los pobres de solemnidad quedaban exentos de pago, debiendo la caridad pública velar que se les diera el auxilio espiritual en ese momento trascendental. El párroco tenía la obligación de hacer entierro gratuito a los pobres, pero en muchos casos la cofradía de la Misericordia se hacía cargo.

Teniendo en cuenta lo establecido por el Obispo Tavira para el sepelio de los pobres, podríamos considerar esas pautas como el ceremonial básico: los cofrades debían llevar dos ciriales acompañando la Cruz, se cantaría el oficio en la sepultura con dos velas en el altar, se colocarían 4 velas junto al féretro "como es costumbre"[66]. El examen de los testamentos chasneros permite comprobar que muchos, supuestamente fuera de la categoría de pobres, no podían costearse estos servicios mínimos, lo que implica que los parámetros de pobreza podían variar según las zonas de las Islas.

El sistema se basaba en el pago de pequeñas cuotas a la cofradía, de acuerdo cada uno con sus posibilidades económicas, colectivizándose los objetos necesarios para el sepelio, aunque ello supusiera riesgo para la salud –com-

[64] DÍAZ FRÍAS, N.: *Testamentos aroneros (Siglos XVII y XVIII)...*, T. I, pp. 544-545; T. II, pp. 212-213, 25-26.
[65] HERNÁNDEZ GONZÁLEZ, M.: *Enfermedad y muerte en...*, T. II, p. 83.
[66] Ibídem, p. 84.

partir el ataúd, los paños, los candelabros–, acompañando los hermanos a la comitiva fúnebre. En el caso de no estar al corriente en las cuotas se les negaban estos derechos, por lo que algunos, próximos a fallecer, intentaban ponerse al día en sus atrasos.

El riesgo de que algunos trataran de aprovecharse del sistema, intentando integrarse en una comunidad cuando veían cercana la muerte, se entenderá como una forma de evadir el gasto del entierro, por lo que se pusieron restricciones a esta pretensión, por ejemplo, aceptando solo a los que tuvieran posibles, pues se entendía que éstos lo hacían para obtener indulgencias por su alma y no para conseguir un entierro gratis[67]. El Obispo Tavira critica que las hermandades de la Misericordia exigieran a los cofrades una pequeña cantidad para el alquiler del ataúd, pues entendía que era mejor que las hermandades tuvieran sus propias cajas (grandes y pequeñas), aceptando que los cargadores recibiesen un estipendio, pues perdían ese día de trabajo[68].

Las clases sociales más altas se diferenciaban de las demás, también, a través de la muerte, pues utilizaban un ceremonial más pomposo y suntuoso, incluso llegaron a crear instituciones que garantizaban la perennidad del linaje en la tierra y la salvación eterna a través de la generosidad. La riqueza se medía en función del número de misas, capellanías, memorias y patronatos, y con ellos se asumía la existencia del purgatorio y la esperanza de poder salir de él.

Algunas memorias de testamento, aunque no de forma exhaustiva, muestran claros signos de boato, caso del número de paradas, el portar la Cruz de la Iglesia, etc. Como ejemplo podríamos citar el testamento de Agustina Pérez de Linares, otorgado en Arona en 1771, pues manifestaba su deseo de ser amortajada con el hábito de San Francisco en la capilla de Gracia, en el Convento; que le acompañara el Beneficiado con capa; que se realizaran en la calle 4 pausas de responso; que se le dijeran 60 misas rezadas para la salvación del alma, distribuidas a voluntad de su marido Tomás de Aponte García, señalando para su funeral 12 libras de cera[69].

Pero, realmente, en el siglo XVIII, como consecuencia de la reducción de las rentas agrarias, se comienza a moderar la ostentación funeraria, por ejemplo, amortajándose con sábanas blancas, como signo de humildad, o utilizando un sencillo cajón. Según los estudios de Arbelo García, se fueron reduciendo los entierros con pompa, tanto entre la nobleza como entre la burguesía agraria,

---

67 Ibídem, T. II, pp. 85-86.

68 Antes de utilizar ataúdes se utilizaban los llamados lechos para transportarlos: HERNÁNDEZ GONZÁLEZ, M.: *Enfermedad y muerte en...*, T. II, p. 87.

69 DÍAZ FRÍAS, N.: *Testamentos aroneros (Siglos XVII y XVIII)...*, T. II, pp. 571-573.

pero el acompañamiento seguía siendo muy importante (Beneficiado, cofradías, acompañamiento de pobres)[70].

Normalmente eran las cofradías de Ánimas y las hermandades de la Misericordia –las primeras establecidas tanto para las parroquias como para los conventos–, las que se encargaban de lo relacionado con el alma del difunto. Las hermandades, en principio orientadas hacia la elite para dar realce a sus miembros, evolucionaron en la dirección de las cofradías. Lo costoso del entierro individual y el que dejase de considerarse ofensivo el entierro a cargo de estas instituciones favorecerán su desarrollo. Esto no significaba que todos los entierros fueran iguales, pues por cuenta de la hermandad corría solo lo básico (entierro, honras, ...)[71].

En jurisdicciones parroquiales extensas el traslado del cadáver hasta la Iglesia se convertía en un gran problema, como lo era también el administrar la extremaunción. Al depender de Vilaflor la feligresía de la comarca chasnera, hasta la creación de nuevos curatos, la comitiva fúnebre tenía que recorrer grandes distancias desde los pagos hasta la cabecera religiosa. Estos recorridos se salvaban a pie, pero el difunto a veces era transportado en animales de carga, por ejemplo, en camellos, o en carromatos si los caminos permitían su paso.

Lo dificultoso del recorrido fúnebre queda de manifiesto en las informaciones recogidas por el médico Bethencourt Alfonso a principios del siglo XX, sin duda, transmitidas generacionalmente de forma oral, sirviendo de referencia para el territorio chasnero lo recogido para San Miguel *"...al morir un individuo, algún deudo o vecino se iba a 3 ó 4 puntos dominantes o morros del pago, y tocaba el caracol como voz preventiva para que atendieran todos los que pudieran oírle. Después del toque gritaba con voz robusta y melancólica, por tres veces seguidas, "a las obras de misericordia", y no quedaba ni un solo hombre que dejara de acudir, para acompañar y cargar el cadáver a Vilaflor. En el camino estaba colocada, de trecho en trecho, una cruz que era el punto de descanso"*[72].

Es evidente que la solidaridad presidía el hecho fúnebre, en particular el de las clases populares, así al toque de bucio y con las palabras acostumbradas los vecinos acudían a reemplazar a los que habían llevado el cuerpo hasta allí, y luego hacían lo mismo cuando llegaban a otro sitio poblado, así se narra para Arona: *"...cuando moría un individuo en los pagos lejanos de Vilaflor, jurisdicción que contaba entonces algunas leguas, los que conducían el cadáver al pueblo, así que llegaban a un punto que dominara algún caserío, tocaban un*

[70] ARBELO GARCÍA, A.: *Las mentalidades en Canarias en la crisis del Antiguo Régimen. Elites agrarias y comportamiento social en Tenerife (1750-1823)*, CCPC, 1998, pp. 206-211.
[71] HERNÁNDEZ GONZÁLEZ, M.: *Enfermedad y muerte en...*, T. II, p. 94.
[72] BETHENCOURT ALFONSO, J.: *Costumbres populares canarias de nacimientos...*, p. 263.

caracol como señal preventiva, gritando luego tres veces: "A las obras de misericordia". Y todos los que oían la voz se acercaban al cadáver para sustituir a los que le habían traído hasta allí; que a su vez hacían lo mismo cuando llegaban a otro punto más o menos habitado".

Vista de la Iglesia de San Pedro Apóstol en Vilaflor.

Lado sur de la Iglesia de San Pedro de Vilaflor.

Estas prácticas sobrepasaban el simple apoyo a los vivos, pues era un compromiso de salvación entre los acompañantes y el fallecido. Este carácter solidario se había convertido en una práctica consuetudinaria, de forma que el que no participaba se consideraba excluido de los beneficios espirituales colectivos, es decir, no sería acompañado por los demás en su muerte[73]. Resulta de interés la referencia que estos testimonios hacen al uso de caracolas o bucios (charonia lampas), aerófonos tabulares que suenan por presión labial, con sonidos muy potentes. Se realizan cortando el extremo opuesto a la abertura de la caracola marina, orificio por el que se sopla. Se utilizaron desde el mundo aborigen, sirviendo para comunicar a largas distancias determinados mensajes (ataques en las costas, entierros, ...), señalando Bethencourt Alfonso que el rey Ichasgua desde su morada de Hengua, en la Fortaleza de Ahiyo, se comunicaba por medio de bucios con los tagoros de Moreque, de Imoque y otros más lejanos[74].

La recopilación testamentaria realizada por Díaz Frías nos permite acercarnos al ceremonial fúnebre de los chasneros, y en concreto de los aroneros, en el Antiguo Régimen y en parte del siglo XIX.

Los testadores manifestaban dónde deseaban ser enterrados, en la Iglesia de Vilaflor o en el Convento agustino, cambiando algunos de opción al crearse la Iglesia de San Antonio Abad. También declaraban si eran miembros de alguna hermandad o cofradía, cómo debían ser amortajados, el acompañamiento dirigido, las paradas de responso, las ofrendas que debían entregarse y los oficios a la salvación del alma. Esta documentación permite conocer sobre las donaciones hechas a la Iglesia, a las Ermitas y al Convento de San Juan Bautista, y los bienes que dotaban las capellanías, aproximándonos a la situación económica del testador: pobreza, declive económico, acomodo. De todo ello nos ocupamos al analizar algunos de esos testamentos chasneros.

En general, podemos apuntar que la comitiva fúnebre seguía desde Arona el camino real que conducía a Vilaflor, y que pasaba por la Ermita de San Antonio Abad, Altavista, La Escalona, Los Quemados y Los Llanos de Trevejo. En distintos puntos del camino existían descansaderos, en ellos se colocaban el cuerpo del difunto sobre grandes lajas o paredes, sitios que estaban señalados normalmente con cruces, pudiendo la comitiva incluso dormir. La información oral habla del descansadero del Granero del Conde, en Altavista, y de la "piedra

---

[73] HERNÁNDEZ GONZÁLEZ, M.: *Enfermedad y muerte en...*, T. II, pp. 270, 97.

[74] BETHENCOURT ALFONSO, J.: *Historia del pueblo guanche. Su origen, caracteres etnológicos, históricos y lingüísticos*, Ed. Francisco Lemus, La Laguna, 1991, T. I, pp. 153-154; CONSEJERÍA DE EDUCACIÓN, UNIVERSIDADES, CULTURA Y DEPORTE DEL GOBIERNO DE CANARIAS: *Proyecto UCTICEE, https://www3.gobiernodecanarias.org,* 2023.

de los difuntos" de Trevejo[75]. Trasladando a Chasna lo acostumbrado en otros lugares, podemos considerar que las comitivas parasen en los lugares dónde existía alguna cruz - caso de La Cruz del Guanche para los que venían de Cabo Blanco, Machín o el área de Las Galletas-, especialmente en los cruces de caminos y, por supuesto, descansaban si pasaban por una Ermita (San Antonio Abad, San Lorenzo Mártir). Si el recorrido hasta llegar a la parroquia o al Convento de Vilaflor era largo, la comitiva, a la entrada del pueblo, debía adecentarse o asearse, hospitalidad que se ofrecería en alguna de las primeras casas del pueblo, acogimiento vecinal que nos consta se mantuvo hasta el siglo XX, por ejemplo, en La Cabezada (Valle de San Lorenzo) donde se asistía con agua a los cortejos fúnebres procedentes de Cabo Blanco, Buzanada o Las Galletas.

La distancia a Vilaflor aumentaba desde los pagos situados a menor altitud (Cabo Blanco, Malpaís, Valle del Ahijadero), pudiendo variar las rutas, pues desde el Valle del Ahijadero se podía utilizar la subida por Beña, ascendiendo por La Mesa de Túnez, donde había un descansadero con una cruz en el punto llamado El Morro, para seguir por La Hondura. Los vecinos de Cabo Blanco debían utilizar también esta ruta, llegando al Valle del Ahijadero por el camino que pasaba por las rozas de Mateo Rodríguez, que lindaba con el camino que venía de Cabo Blanco y por el naciente con el Camino Real que iba a Malpaso, debiendo existir un descansadero en la entrada del Valle, probablemente a la altura de La Cabezada, pues se conservó hasta el siglo XX, o en el área de La Cruz del Guanche. Desde el Malpaís (Buzanada) podía utilizarse el camino que ascendía paralelo al Barranco de La Fuente, y que continuaba por el Camino de La Mesa de Jama, hasta llegar a Vilaflor.

Era habitual que el día del entierro se colocaran sobre las sepulturas ofrendas "conduto", sobre todo trigo y vino, pero también corderos y carneros, sin duda, con una clara significación eucarística, pero ligada al convencimiento de que a más limosna menor sería la permanencia en el purgatorio. Los creyentes al ofrecer estas ofrendas contribuían al mantenimiento de la Iglesia, de sus ministros y de sus actividades, conforme establece el Derecho Canónico. Las ofrendas permiten acercarnos al nivel económico del testador, es decir, cuando solo se ponía cera se denotaba un nivel inferior, a si se añadían carneros u otro animal. Los religiosos velaban por el mantenimiento de esta costumbre, ante la posibilidad de que los herederos o albaceas pudieran cambiar el trigo por otro cereal o reducir el vino prometido, en detrimento de la salvación del alma del difunto y de los intereses del clero. También se colocaban lámparas o velas sobre la tumba, y se señalaban las mandas forzosas,

[75] Información de Manuel Barrios Rodríguez; DÍAZ FRÍAS, N.: *Testamentos aroneros (Siglos XVII y XVIII)...*, T. I, p. 267.

que consistían en una limosna o ayuda dejada por el testador con el fin de conseguir indulgencias para la salvación, y que iban destinadas a los pobres, huérfanos o a la liberación de cristianos cautivos en tierras de moros. Los más pudientes podían obtener indulgencias a través de la adquisición de bulas de difuntos, documentos pontificios a favor del fallecido, por el que se les eximía de purgar sus culpas en el purgatorio.

Los oficios acostumbrados, por ejemplo, en el siglo XVII, eran: el de cuerpo presente, el realizado a los 9 días o misa de honras (normalmente a los 8 días desde el entierro) y el oficiado al año "misa del cabo de año"[76]. Los testadores indicaban, a veces, quiénes debían oficiar las misas, tanto en el entierro como en las posteriores, así como el acompañamiento de religiosos, hermandades, etc. que querían. El número de misas es señal, por un lado, de la capacidad económica del testador, pero también de su religiosidad, al igual que ocurría con las pausas, el acompañamiento (Beneficiado, capellán, sacristán, orden agustina, hermandades) y el boato que rodearía al párroco o Beneficiado (Cruz alta, capa, ...).

A tenor de los testamentos consultados, una de las hermandades que se ocupaba de los enterramientos en las tierras chasneras era la de la Misericordia, constándonos información sobre ella desde 1695. Tenía su propia capilla para enterrar en la Iglesia de San Pedro Apóstol. Así podemos comprobarlo, por ejemplo, en el testamento otorgado en el Valle del Ahijadero, en 1706, por María Antonia, viuda de Gaspar Hernández. Otra hermandad era la del Santísimo Sacramento, que enterraba a sus miembros en las sepulturas que tenían en la capilla del Rosario. No obstante, Diego de la Sierra en el testamento otorgado en el Ahijadero, en 1683, dejaba de limosna 2 reales a la cofradía del Santísimo Sacramento, otros dos a la del Rosario, y medio real a las demás cofradías del lugar, lo que parece indicar no solo la existencia de otras cofradías, como pudieran ser las existentes en el Convento agustino, sino que la del Santísimo Sacramento y la del Rosario pudieran ser diferentes, lo que corroboraría el testamento de Catalina Leonor que disponía se le enterrara en una de las sepulturas correspondientes a la hermandad del Santísimo Rosario, en su capilla[77]. No obstante, consta la existencia de otra cofradía llamada del Carmen, con documentación desde 1681[78].

[76] Testamento de Salvador González Guanche, 1622, Escribano Madrid, 1622, Sig. 3.726, A.H.P.S.C.T.
[77] DÍAZ FRÍAS, N.: *Testamentos aroneros (Siglos XVII y XVIII)...*, T. I, pp. 516, 272-273; T. II, pp. 423-424.
[78] Fondos de la Parroquia de San Pedro de Vilaflor, Archivo Histórico Diocesano de La Laguna.

Respecto al Convento, Catalina de Medina, viuda de Lucas Francisco, manifestaba en su testamento, otorgado en 1705 en Arona, que era hermana de la cofradía de San Agustín[79], y otros testadores hablan de la hermandad de la Santísima Gracia o Nuestra Señora de Gracia –pertenecía a las llamadas cofradías de gloria, es decir, a las que veneraban a la Virgen, frente a las de penitentes que se centraban en momento de la pasión de Cristo, o de las hermandades sacramentales dedicadas a la adoración de la eucaristía[80]–, así en 1717 Nicolás de Linares Bencomo, que vivía en El Mojón, disponía ser enterrado con el hábito de San Francisco, como muestra de humildad y para ganar las indulgencias, en el citado cenobio, pues era esclavo de la hermandad de la Santísima Gracia[81]. A la misma hace referencia Juan de Bethencourt, en Altavista (1717), al disponer que se le enterrara en el Convento, con acompañamiento del Beneficiado hasta la puerta, y que se le dijeran cuatro misas a Nuestra Señora de Gracia y otras tantas a la Virgen del Rosario en la parroquia[82].

El testador podía temer que sus herederos no cumpliesen con sus últimas voluntades, lo que justificaría la toma de medidas para neutralizar tal posibilidad. Esto explicaría que Matías González, en 1742, señalase que si sus herederos no cumplían con las obligaciones que él tenía con la hermandad de Nuestra Señora de Gracia, para que le acompañara en el entierro, sus bienes debían responder por él[83].

Desde 1604 nos consta la existencia de la Cofradía de Ánimas, resultando de interés los datos que su contabilidad arroja sobre las cuotas abonadas, y las cuentas que rendían sus mayordomos al Visitador, en el que ofrecen información sobre los ingresos y gastos. Lo normal es que los mayordomos fueran hombres, pero encontramos a alguna mujer, es el caso de María Rodríguez Feo, viuda del José Hernández Montesino, que ofrecerá las cuentas –por muerte de su marido–, de la mayordomía de Ánimas, que había llevado desde 1755 hasta 1761.

En el cargo se recogían partidas como:

- 64 reales por alcance en las cuentas contra Antonio García del Castillo, presbítero y mayordomo que había sido de la cofradía.
- 700 reales, valor de 39 fg. 6c. de trigo a 18 reales que sacó de limosnas, excepto de 1758-60.

[79] DÍAZ FRÍAS, N.: *Testamentos aroneros (Siglos XVII y XVIII)...*, T. I, p. 493.

[80] PÉREZ MARTELL, A.M.: "La cofradía de Ntra. Sra. de Gracia del exconvento de San Agustín de La Laguna", *Almogarén*, nº 8, Centro Teológico de Las Palmas, 1991, pp. 177-185.

[81] DÍAZ FRÍAS, N.: *Testamentos aroneros (Siglos XVII y XVIII)...*, T. I, p. 592.

[82] Para cubrir estos gastos dejaba un cercado situado por debajo de la era de Andrés Sánchez: DÍAZ FRÍAS, N.: *Testamentos aroneros (Siglos XVII y XVIII)...*, T.I, p. 595.

[83] DÍAZ FRÍAS, N.: *Testamentos aroneros (Siglos XVII y XVIII)...*, T. II, pp. 212-213.

- 38 reales y 5 cuartos, valor de 4 fg. 3 c. y medio de trigo a 5 r. que sacó de limosnas.

Ascendía el cargo a 1.226 reales y 42 mrv. En la data figuraban conceptos como los pagos realizados al predicador en un año, 542 reales y medio pagado al Beneficiado por cuatro años, más otras cantidades por la fiesta de Ánimas, a razón de 25 reales cada año; al sochantre se le abonaron 180 reales por 7 años; por 325 reales dado por la limosna de 162 misas rezadas que había mandado decir por las almas; por 802 reales y 4 cuartos que importó el gasto hecho en los años 1758-60. La data se fija en 1.210 reales y 24 mrv, estando por tanto la cuenta bastante equilibrada.

En 1781 era mayordomo de la cofradía de Ánimas el Capitán Lucas Agustín Feo. En el cargo de sus cuentas figuran 593 reales y 36 mrv. que importaban 22 fg. y 9 c. de trigo vendidas a 25 reales cada una, salvo 5 fanegas que se vendieron a 30; las limosnas dadas por los fieles ascendieron a 73 reales 36 mrv. Por tanto, el cargo asciende a 667 r. 21 mrv. La data, sin embargo, se situaba en 1.131 reales 18 mrv., lo que suponía que la cofradía quedaba alcanzada en 463 reales y 42 mrv., pero el mayordomo hizo donación de dicha cantidad a la cofradía. Las cuentas son aprobadas por el Visitador, quien acepta la donación en nombre de la cofradía, dando las gracias al mayordomo *"encargándosele procure incitar a los fiels pa. las limosnas poniendo pa. ello personas de su satifason. qe. las percivan y lo firmo..."*[84].

Luis Pérez Afonso asumía la mayordomía de Ánimas en 1789 y presentó la cuenta de tres años, pues el anterior responsable se había embarcado para América sin haber dejado ninguna razón. Entre las anotaciones figuran:

CARGO	
Limosnas en el primer año de los tres, 10 fg. de papas que sacó de limosnas; Limosna de pascua; Alquiler de cera; 143 reales por fanegas de trigo; 55 reales por 3 fg. de centeno; 35 reales por limosnas de higos; 42 reales y medio de a...de cera y otras limosnas; 36 reales y 7 cuartos por dos carneros, pollos y otras limosnas	835 reales
DESCARGO	
Misas que mandó aplicar, pagos al Beneficiado, pago al sochantre, pagos al sacristán, pagos por labor de cera, por la novena de Ánimas del año 1788, etc.	758 reales 6 mrv.

[84] Libro de la Cofradía de Ánimas, A.H.D.L.L.

Quedaba, por tanto, el mayordomo alcanzado en 76 reales y 41 maravedís, cifra que sufrirá modificaciones por la cera.

En 1793 Pedro Rodríguez Quijada, como mayordomo interino, ofrecía en sus cuentas los siguientes conceptos:

Cargo de cera: 26 libras que existían en el cajón cuando falleció Luis Pérez Afonso, y por otras 6 libras percibidas de limosnas en el octavario de ánimas, lo que hacía un total de 32 libras.

En la data figuran: 11 libras que se pagaron en la función del Día de Finados y su octava, por tanto, quedaban 21 libras en el cajón. El mayordomo tenía suplido además otras cantidades *"Quince r. de pta. costo de la lavor de varias porciones de...que hace gracia a la cofradía en caso de no continuar en el encargo, y juró en forma de dro. ser lexitimas las partidas de esta quenta, y no haver entrado en su poder otra alguna cosa de que hacerse cargo, y lo firmó con el Señor Visitador de que doy fe"*[85].

Otro de los gastos derivados de la muerte o de los ritos de salvación del alma es el ocasionado por el encendido de luces (velas, candelas, cera). No todos los testadores señalan las luces que debían ponerse en sus funerales, probablemente por encargarse de ello la cofradía o hermandad a la que pertenecieran, aunque algunos entienden que ese gasto tenía que ser de cuenta del Beneficiado. No obstante, encontramos a algunos vecinos que las detallan. Por ejemplo, María Domínguez, en Arona, dispuso que se le pusieran 8 libras de cera para tres funciones (3 en el día del entierro, 3 el día de honras y 2 al cabo del año)[86]. Juan Pérez Bencomo, residente en Arona, dispuso en 1755 que se le colocaran dos candelabros para que ardieran sobre su sepultura mientras se oficiara la misa[87]. En 1706 Baltasar Bencomo, en La Hondura, mandaba se le enterrara en la sepultura de sus padres en el Convento, con una vigilia y una misa el día del entierro, la misa del alma y otras dos más rezadas, añadiendo que se le pusieran 6 velas en el cuerpo y 4 en el altar, de a 4 libras, las mismas que el día de sus honras, y reconocía que aún debía al Beneficiado la cera por el entierro de su hija[88].

---

[85] Ibídem.

[86] Debía ser sepultada en el Convento, con acompañamiento del Beneficiado hasta la puerta de la Iglesia, con dos pausas de responso en el recorrido fúnebre: DÍAZ FRÍAS, N.: *Testamentos aroneros (Siglos XVII y XVIII)...*, T. II, p. 300.

[87] Debía ser enterrado en el Convento, como esclavo de la Virgen de Gracia. De ofrenda dejaba media fanega de trigo y 10 cuartillos de vino, y señalaba tres pausas de responso en la calle: DÍAZ FRÍAS, N.: *Testamentos aroneros (Siglos XVII y XVIII)...*, T. II, p. 337.

[88] 25 reales y 2 libras de cera al Beneficiado por el entierro de su hija: DÍAZ FRÍAS, N.: *Testamentos aroneros (Siglos XVII y XVIII)...*, T. I, p. 526.

A pesar de establecer cantidades importantes para sus funerales, algunos testadores temen que éstas no fueran suficientes, por lo que señalan un destino alternativo a ese dinero. Lucía García disponía, en 1701, que la enterraran en la tumba de su madre, que se le realizaran los tres oficios de costumbre y que le acompañara el Beneficiado con la Cruz de la parroquia y la comunidad agustina, tanto el día del entierro como en el de honras. Para cubrir este acompañamiento señalaba 24 reales, pero, para el caso de que no quisieran asistirla por esa cantidad, ordenaba que el dinero se invirtiese en misas. También indicaba que la ofrenda para el día del entierro fuera de 2 cuartillos de vino y 3 almudes de trigo. Respecto a los sufragios por su alma ordenaba se le dijeran el día del entierro 5 misas rezadas, y 15 más a lo largo de dos años (5 al Santísimo Sacramento, 5 a la Virgen del Rosario y 5 a San Agustín), pagándose todo de sus bienes.

También Ana García, domiciliada en Arona, disponía en 1701 que su marido vendiese un pedazo de tierra para pagar su entierro. Deseaba ser enterrada en la capilla de la Misericordia, donde estaba enterrado su padre, y los oficios debían ser los acostumbrados, con acompañamiento del Beneficiado y de la comunidad de San Agustín, a cuyo fin señalaba la cantidad de 12 reales "por ser pobre", pero en el supuesto de por la citada limosna no quisieran acompañarla, mandaba que ese dinero se le aplicase en misas por su alma. Un caso similar es el de Urbano García, residente en Arona, pues ordenaba en 1697 ser enterrado en la Iglesia de San Pedro, en la sepultura donde yacía su madre, y que le acompañara la comunidad de San Agustín, pagándose los costos de sus bienes. Señalaba para el día del entierro y el de honras 36 reales, pero preveía para el caso de que la comunidad agustina no quisiera acompañarlo por dicho cantidad, que la invirtieran en misas rezadas[89].

Capillas en la Iglesia de San Pedro Apóstol de Vilaflor.

[89] DÍAZ FRÍAS, N.: *Testamentos aroneros (Siglos XVII y XVIII)*..., T. I, pp. 446, 451, 403.

La sepultura o sepulcro

El pavimento de la Iglesia de Vilaflor hasta hace unas décadas era de piedra chasnera, abriéndose en ellas sepulturas cerradas con grandes losas. En cada entierro era necesario levantarlas y volverlas a recolocar. En otros casos se levantaban las simples losetas tradicionales que cerraban la fosa, por tanto debía ser habitual la existencia de desperfectos y de materiales en el templo. Pero, los sepulcros también se cubrían con tablones de madera, a tenor del mandato dado por el Obispo José María de Urquinaona al párroco de Vilaflor José Lorenzo Grillo y Oliva para que, aprovechando los fondos de la fábrica parroquial y las limosnas de los fieles, fuera embaldosando el pavimento para suprimir los citados tablones[90]. Los testamentos chasneros ofrecen datos sobre el tipo de sepulcros (particulares, comunes, de hermandades,...). El espacio de enterramiento era muy reducido, y los fallecidos tenían derecho a utilizar las sepulturas de sus antepasados, lo que economizaba suelo y evitaba gastos a los herederos al no tener que costear una nueva. María de Torres, en 1771, declaraba desconocer el lugar dónde descansaban los restos de sus progenitores, por lo que encarga a sus herederos la compra de una tumba a la fábrica parroquial[91].

Por tanto, algunos vecinos tenían sepultura propia, como lo declaraban en el Valle del Ahijadero Salvador González Guanche y Beatriz González, su mujer, que la tenían en la parroquia de San Pedro[92], como la poseía el Capitán de Milicias Aparicio González Natural (nieto de Salvador González Natural y Beatriz González de Berganciano) y María García, pues en 1692 manifestaban tenerla entre el coro y el altar de San Benedicto. También María Salomé Domínguez -hija del Capitán Antón Domínguez-, en 1681 decía tener tumba familiar. Un lugar privilegiado lo tenían Agustín González Brito y su mujer Isabel González Mena, residentes en Beña, pues declaraban en 1785 su deseo de ser enterrados en sus sepulturas junto al lado del arco de la Capilla, en la Iglesia de San Pedro. Igual de importante será la ubicación del sepulcro de la aronera Rufina de Medina, pues estaba situado delante del altar de San Juan en la Iglesia de San Pedro. Juan de Linares Machín, vecino del Ahijadero, disponía

[90] DÍAZ FRIAS, N.: *La historia de Vilaflor de...*, T. II, p. 79.

[91] Mandaba que el Beneficiado le hiciese su entierro con lo que alcanzase una suerte que tenía en el Malpaís de Abajo y de una higuera en Ateconte (Túnez). Dejaba una casa con su sitio y el derecho a un indiviso a su sobrino Luis Felipe Paladón con el cargo de dos misas rezadas, por una sola vez: DÍAZ FRÍAS, N.: *Testamentos aroneros (Siglos XVII y XVIII)...*, T. II, p. 576.

[92] Testamento de Salvador González Guanche, 1622, Escribano Madrid, 1622, Sig. 3.726, A.H.P.S.C.T.

en 1760 ser sepultado delante del altar de Santo Domingo en la Iglesia de San Pedro, donde le correspondía por el Alférez Juan Domínguez, su suegro[93].

Las hermandades y cofradías tenían sus propias capillas y sepulcros, y allí eran enterrados sus cofrades o hermanos. Así ocurría con las de la Misericordia y Santísimo Sacramento, esta última en la capilla del Rosario, de la Iglesia de San Pedro, templo que era mayoritariamente elegido por los vecinos. El no estar al día en las obligaciones con la hermandad podía significar la exclusión de los servicios fúnebres que ésta ofrecía. Así se desprende, por ejemplo, del testamento otorgado en 1706 por Bernabé González, pues quería ser enterrado en la capilla del Rosario, pero confiesa que desde hacía 8 años, por sus cortedades económicas, no cumplía con las obligaciones que se pagaban. Por ello trata de solucionar el problema, mandando que se pagase de sus bienes y que se ajustasen las cuentas con la hermandad, pues Bartolomé Hernández Oreja, con quien tenía cuentas, le había manifestado que había satisfecho dichas obligaciones. En tal caso mandaba que se pidieran los recibos de pago a la hermandad y al mayordomo, para que se le hicieran los oficios como hermano que era. En dicha hermandad tenía su hacha (*jacha*), y manda que se la quedasen[94]. También José Delgado temía no estar al día en sus obligaciones como cofrade en la hermandad, por lo que dispuso que sus albaceas y herederos utilizasen sus bienes para sufragar las exequias.

El testamento de Catalina Gaspar, en 1666, deja constancia de la existencia de sepulturas de pobres, pues señala su voluntad de ser enterrada en la sepultura donde se enterró a su madre, *"que es de los pobres"*, dejando de ofrenda media fanega de trigo y una botija de vino.

La creación del Convento de San Juan Bautista supuso el aumento del espacio sepulcral y, probablemente, con condiciones menos onerosas para los más pobres, a tenor de lo consignado, en general, en los testamentos para los entierros y la salvación del alma. Permite conocer estos testamentos aspectos referidos al estado del Convento, a sus capillas, altares, hermandades, frailes, etc.

Si bien lo habitual entre los testadores era designar como lugar de sepultura la Iglesia de San Pedro, muchos optaron por el Convento. Así, Ángela de Medina en 1673 decía, *"mando mí ánima a Dios Nuestro señor, que la hizo, crió y redimió con sus preciosa sangre, y el cuerpo mando a la tierra de que fue formado... mi cuerpo sea sepultado en el convento del señor San Agustín del dicho lugar, en una sepultura que tenemos en dicho convento y mi cuerpo sea enterrado*

[93] DÍAZ FRÍAS, N.: *Testamentos aroneros (Siglos XVII y XVIII)...*, T. I, pp. 267-269, T. II, pp. 631, 198-200, 440.

[94] Disponía que se le hicieran 3 pausas en el funeral: DÍAZ FRÍAS, N.: *Testamentos aroneros (Siglos XVII y XVIII)...*, T. I, pp, 520-521.

en el hábito del Señor San Agustín". Respecto al resto de las disposiciones indicaba que el día de su muerte le acompañara la comunidad de dicho Convento, el Beneficiado y el sacristán y todos los sacerdotes que estuvieran en lugar, que también debía asistir el día de sus honras. En el entierro se debían hacer 3 pausas desde su casa hasta la Iglesia, repartidas por la calle, con tres oficios ofrendados de pan y vino, para lo que señala una fanega de trigo y medio barril de vino. Entre otras disposiciones, destaca el número de misas a decir en la de San Pedro, en concreto 13 rezadas a las advocaciones del Santísimo Sacramento, la Concepción, la Virgen del Rosario, San Pedro, a la Pasión de Jesucristo, a San Roque y a las Benditas Ánimas para que salieran del purgatorio. Después de su fallecimiento, durante todo el año, se debía realizar todos los domingos una misa rezada en el Convento, y cumplido el año un oficio de aniversario. A las cofradías de la parroquia dejaba a cada una un real y a las del Convento otro, a la Casa Santa y redención de cautivos 2 reales a cada una, todo con cargo a sus bienes[95].

Restos del antiguo Convento agustino de Vilaflor
a principios del siglo XX (foto U. Ahlers)

[95] DÍAZ FRÍAS, N.: *Testamentos aroneros (Siglos XVII y XVIII)...*, T. II, pp. 464-465; T. I, pp. 157, 493, 183-184.

También en 1683 Baltasar de Torres Bencomo, residente probablemente en el pago de Arona, disponía en su testamento su deseo de ser enterrado en el cenobio, *"en la capilla que está comenzada"*, y en la que había invertido *"muchos reales"*. Ofrece más datos sobre las obras que se estaban realizando, pues dispone que los frailes le debían dar una sepultura a cambio de la que había comprado junto al arco en la Iglesia vieja (parece indicar que se reedificó la Iglesia del Convento), y dispone que una vez fuera terminada la capilla sus huesos debían ser trasladados a ella, como hermano que era de dicha hermandad. Entre otras disposiciones señala que le acompañara en su funeral el Beneficiado y el sacristán, con los oficios acostumbrados, dos el día de su entierro y honras y el otro al cabo del año. Sobre el estado en que se encontraban sus relaciones familiares da idea la frase *"si guastaren mis herederos asistan también"*.

En 1698 María de Riverol detallaba sus disposiciones espirituales, entre ellas el ser sepultada en el Convento de San Agustín, por ser hermana de una cofradía, con el hábito de San Francisco o con el de San Agustín, a elección de los albaceas (sus hijos Fray Francisco Mena y Manuel de Riverol), debiendo acompañar su cuerpo el Beneficiado y los capellanes que hubiera. Los domingos primeros de mes se le debían decir misas rezadas sobre su sepultura, con el encendido de una vela y el rezado de un responso. Señala 30 misas rezadas en el Convento agustino. Los gastos se sufragarían con cargo a sus bienes, dividiéndose el resto entre sus herederos, beneficiando a una de sus hijas con dos cabras y dos colmenas para que se acordase de encomendarla a Dios.

Otros testadores eligen también el Convento como última morada, así, en La Hondura Ana González manifestaba en su memoria de testamento, otorgada en 1723, que era su voluntad ser enterrada en el Convento con el hábito agustino, en la tumba donde reposaba su marido. Declaraba ser pobre, pero como tenía a su hijo Pedro como fraile de la orden agustina, quería que las misas por su alma las oficiara él, no obstante señala dos cercados en Arona para que se vendieran y se costeara el funeral. Alejo Bethencourt, en 1727, por la cortedad de sus bienes renunciaba a que el Beneficiado realizase alguna de las tres funciones que quería se le dijeran por su alma (día del entierro, honras y cabo de año), y manda se le enterrara en el Convento, dejando de ofrenda 2 almudes de trigo y un cuartillo de vino.

Nicolás de Bethencourt, vecino de Arona, en 1734 exponía su deseo de ser enterrado en la capilla mayor del Convento, según le correspondía como miembro de la hermandad de la Madre de Dios. Pese a no ser una persona pudiente sus disposiciones fúnebres son importantes, pues establece se le dijeran 50 misas, 12 en los domingos, con dos luces sobre su sepultura, dejando el resto a criterio de su mujer. De ofrenda dejaba 3 almudes de trigo y dos cuartillos de vino, para el día del entierro y honras, más 6 libras de cera[96].

En 1734, Juan García Machín, con domicilio en el Ahijadero, manifestaba su deseo de ser enterrado con mortaja blanca en el Convento chasnero, en una sepultura que como hermano de la cofradía de San Agustín tenía. Ofrecía diez reales de limosna si los hermanos de Gracia permitían que fuera enterrado en la capilla, limosna que serviría para fomento de la cofradía y que se pagaría de sus bienes. Además de las ofrendas de trigo y vino mandaba que el Beneficiado le acompañara con la Cruz hasta entrarlo en la iglesia del Convento, con dos pausas por la calle, poniéndose 6 libras de cera. El número de misas que señala es importante, indicando el lugar y los altares en los que debían oficiarse, así el día del entierro todos los religiosos del Convento dirían misa por su alma, más 20 misas rezadas, entre las que entrarían las dichas en su entierro, otras 10 en la parroquia de San Pedro, 3 en el altar del Carmen, 3 en el altar mayor al Santísimo Sacramento y 4 en el de la Virgen del Rosario.

Otros que optaron por el Convento fueron Beatriz González Ruiz del Castillo pues tenía una sepultura familiar al pie del altar de San Nicolás, y Rufina de Medina que tenía sepultura delante del altar de San Juan[97].

La información facilitada por los testamentos es corroborada por los libros de enterramiento, así podríamos ver cómo se realizó el entierro del Alférez Mateo Domínguez Fraga. Falleció el 12 de de julio de 1706 y fue enterrado en la capilla del Rosario de la Iglesia de San Pedro, le acompañó el Beneficiado con capa, que le hizo encomienda de alma, tres pausas por la calle y el oficio de sepultura, con misa cantada. También le acompañaron el Licenciado Melchor Alfonso, como capellán, y los religiosos del convento, con una ofrenda de 3 almudes de trigo y 3 cuartillos de vino. El oficio de honras se le hizo el 14 de julio, cantando la misa el citado Licenciado, y el 30 de septiembre se le practicó otro oficio por su alma, a cargo de los hermanos del Señor, que cantó el Beneficiado. Un año después, el 3 de septiembre de 1707, el Beneficiado le cantó el oficio del aniversario, contando con la asistencia del Licenciado Melchor Alfonso, como capellán, y de los religiosos de San Agustín[98].

---

[96] DÍAZ FRÍAS, N.: *Testamentos aroneros (Siglos XVII y XVIII)* , T. I, pp. 281, 420-421, 617, 422, 43.

[97] Ibídem, T. II, pp. 49-50, 245-246, 198-200.

[98] DÍAZ FRÍAS, N.: *Linajes de Arona. Un estudio genealógico acerca del municipio de Arona (siglos XVI-XX)*, Ed. Idea, 2017. T. I, p. 523; RODRÍGUEZ DELGADO, O.: "Personajes del Sur (Arona-Vilaflor de Chasna): Don Mateo Domínguez Fraga (1634-1706), propietario agrícola, Alférez de Milicias y hermano del Señor", *blog.octaviordelgado.es.*

Capellanías

Las ofrendas, limosnas, las luces y las misas, como hemos dicho, perseguían la salvación del alma. Los gastos se afrontaban con dinero o con los bienes que tuviera el testador, pero si las condiciones económicas se lo permitían gravaban alguna propiedad, garantizando con ella sufragios de forma perpetua. Por tanto, las capellanías suponen la existencia de un cierto acomodo por parte del fundador, pues eran un instrumento que servía para segregar del patrimonio de una persona algún bien, que se dedicaría a la manutención de un clérigo, que quedaba comprometido a celebrar en una capilla un determinado número de misas por el alma del fundador o de su familia, o bien grababan una propiedad, que disfrutaría un heredero, pero con la carga de una misa perpetua[99].

Los ejemplos de este tipo de instrumento en el espacio estudiado son numerosos, residiendo muchos de los fundadores en el Valle del Ahijadero. Así podemos rescatar el fundado en 1658 por Francisco de la Sierra, quien tras disponer que se le enterrara en la tumba de sus padres en la Iglesia de San Pedro, expresa su voluntad, con licencia de su padre Diego de la Sierra, de establecer dos misas rezadas perpetuamente *"para siempre jamás"*, y para ello señalaba una suerte de tierra que su padre había comprado en El Roque de las Abejeras. Por si hubiera algún impedimento con esta suerte, señalaba otra en Cabo Blanco que había heredado de su padre en calidad de libre de tributo.

La madre de este testador, María Sebastiana de Mena, pocos años después, en 1661, dispuso que a su muerte se le dijeran varias misas, una rezada a la Virgen de Candelaria, otra al Santísimo Sacramente, una a la Virgen de la Encarnación y otra a San Lorenzo, evidencias estas últimas de lo afianzada que estaba la devoción a los patronos de la Ermita del Ahijadero, y funda una capellanía en Cabo Blanco –en una tierra que había heredado de su padre Sebastián de Mena–, a favor de sus dos hijos, con cargo de una misa rezada, por tanto, esta tierra no podría ser vendida ni enajenada sin la referida carga.

Catalina de Armas, viuda de Pedro Domínguez, había gozado de acomodo, no en vano su marido formaba parte de la familia Domínguez Frías, vinculada a la fundación de la Ermita de San Antonio Abad, pero al final de su vida su situación era precaria *"yo estoy al presente pobre"*, pero, a pesar de ello, en 1662

[99] CASTRO PÉREZ, C., CALVO CRUZ, M., GRANADO SUÁREZ, S.: "Las capellanías en los siglos XVII-XVIII a través del estudio de su escritura de fundación", *Anuario de historia de la Iglesia*, nº 16, Facultad de Ciencias Económicas y Empresariales, Universidad de Las Palmas de Gran Canaria, 2007, pp. 335-347; MIGUEL Y SÁNCHEZ, J.S.: "Capellanías, fundaciones religiosas", *https: //avghcv.com;* ALVAREZ, M.: *Manual de Capellanías*, Vitoria, 1919, p. 9, citado en SÁNCHEZ GONZÁLEZ, R.: "Las capellanías en el Antiguo Régimen (siglos XVI-XIX): Estudio de la zona de La Sagra", *Anales toledanos*, nº 23, 1986, pp. 101-147.

funda una capellanía sobre unas tierras que tenía en Chayofa, a favor de su nieto Pedro Domínguez Rivero, con cargo de una misa rezada perpetuamente, que se diría en la Iglesia de San Pedro, pagando de limosna 3 reales hasta que fuera sacerdote[100].

En el Ahijadero Isabel Ana, casada con Amador González, fundó en 1675 una capellanía sobre una casa y unas tierras, que quedaban gravadas con dos misas rezadas, una por su alma y otra por la de su marido. Los patronos de esta capellanía serían sus hijos Bernabé y Águeda González, que se tendrían que hacer cargo, por mitad, de los gastos del funeral. Pero, además, Amador González al enumerar sus propiedades hace referencia a otra capellanía, pues tenía cuatro partes en una casa en la Calle Real de Vilaflor, y por ella se pagaban dos doblas anuales a San Roque –se adeudaban 100 doblas por obligación que había dejado el Capitán Gaspar Soler a dicha Ermita–, y se las alquilaba junto a un almendrero y un parral a Cristóbal González por 50 reales para pagar las doblas y el principal –María Leonor, tía del citado Cristóbal González, obligó sus bienes a pagar los 50 reales–, y manifiesta su voluntad de dejar sus porciones de casa, más los cercados de Pinto, Jama, la mitad de otro en El Roque y las higueras del Bucarón a su hijo Juan González Amador, para que, a su vez él las dejase al hijo que quisiera, esperando que se inclinase hacia el más chico o mozo, pero siempre con la carga de las dos doblas a San Roque, deseando que la mayordomía recayese en el heredero que tuviera la casa, para que ésta no se depreciara, es decir, para que no se perdiera la capellanía de San Roque[101].

En 1712 Juan González Amador a través de su testamento manifestaba su voluntad – además de ser enterrado en la Iglesia del Convento– de instituir una capellanía de dos misas rezadas perpetuas, una por su alma en el Convento, y después de que su mujer Isabel María muriese, otra para ella en la Capilla del Rosario, anual y perpetuamente. El gravamen lo sustentaba en una casa, un corral y unos árboles que tenía en la Calle San Agustín y en el Valle del Ahijadero, en los cercos contiguos de La Palma y de El Toscal, junto a otros bienes, por ejemplo, los que tenía debajo de La Fuente del Roque de Jama. Como patrón de la capellanía dejaba a su hijo José Amador.

Juan Luis Delgado y María de Candelaria, residentes también en el Ahijadero, dictaron en 1680 sus últimas voluntades y, ademá de que se les enterrara en la capilla del Rosario por ser hermanos del Santísimo Sacramento y que les acompañara el Beneficiado y los capellanes que en ese momento estuvieran, él fundaba una capellanía por una misa rezada a la Virgen del Rosario

[100] DÍAZ FRÍAS, N.: *Testamentos aroneros (Siglos XVII y XVIII)...*, T. I, pp. 117, 121-122, 135-136.
[101] Ibídem, T. I, pp. 197-198, 221.

en el mes de octubre. Debía ser oficiada por el Beneficiado que estuviera al frente de la Iglesia, pagándose de limosna un tostón. Para el mantenimiento de esta obligación señala unas tierras en El Malpaís (Buzanada) –sobre ellas pesaba ya un tributo que se pagaba al Marqués de Adeje–, que dejaba a sus hijos Juan e Isabel Delgado, por mitad. María Candelaria, por su parte, creaba otra capellanía de una misa rezada que oficiaría el Beneficiado a la Virgen de Candelaria en el mes de febrero, y la afianza en unas tierras en Jama, que dejaba a su hijo Bartolomé Delgado. Estas tierras, naturalmente, no podían ser enajenadas sin la carga que la testadora había señalado.

Pedro de Linares, residente en Arona, además de indicar que se le enterrara en la sepultura de su madre en la Iglesia de San Pedro, muestra su voluntad en 1685 de constituir una capellanía de una misa rezada a la Virgen del Rosario, perpetuamente, que se diría el día de su festividad o en su octava, pagándose por ella un tostón, pero el párroco debía poner la cera. Encarga a su hijo Francisco de Linares que velara por la capellanía y por el culto, a cuyo fin dejaba un cercado. En la sucesión se preferiría al más viejo y al varón sobre la mujer, y si muriesen sin heredero pasaría a los más cercanos por parte de su padre[102].

Gonzalo Yanes del Roque, en el Ahijadero, redactaba un codicilo en 1687 con algunas cláusulas que complementaban un testamento otorgado con anterioridad. En las mandas espirituales destacamos la creación de una capellanía de dos misas rezadas al año perpetuamente, que se dirían a la Virgen del Rosario, en Vilaflor. Como patrona nombra a su hija María Gaspar, agradeciéndole así el amor que le había dado en sus achaques. La afianza en la casa de su morada y en una viña.

En 1699 Nicolás Hernández, en el mismo pago, además de disponer que se le enterrara en la sepultura que a su mujer le tocaba por herencia de sus padres en la Iglesia de Vilaflor, y que se le pusiera de ofrenda un cuartillo de vino y un almud de trigo, decide fundar una capellanía para que todos los años, perpetuamente, se le dijera una misa a la Virgen del Rosario, con una limosna de 2 reales de plata por cada una. Para sufragar esta capellanía dejaba una fanegada de sembradura, dedicada a cereales, en La Hoya de Bermúdez, propiedad que disfrutaría su hija Ana de Jesús, y si ésta no tuviera sucesión decidiría quien debía heredarla.

Luis de Abreu vivía en Beña y recibió autorización de su madre para testar en 1699. Dispuso se le enterrara en la capilla del Rosario, como miembro que era de la hermandad. Encargaba 150 misas rezadas y por plazos. A cada una de las cofradías de la Iglesia dejaba medio real de limosna, que se pagarían

[102] Ibídem, T. I, pp. 569-570, 237-238, 288-289.

de sus bienes. A un hermano le dejaba una higuera breval que le tocaba por legítima de su padre, con la carga de una misa rezada anual a la Virgen del Rosario, pero puntualiza que la obligación perviviría por el tiempo que durase la higuera. A la muerte de dicho beneficiario, la higuera pasaría al siguiente hermano y, así sucesivamente, mientras existiera el árbol[103].

Isabel María de Sierra, en el Ahijadero, dejaba entre sus voluntades el hacer una memoria de capellanía sobre la mitad de un pedazo de tierra en El Bailadero (Buzanada), aunque la propiedad ya estaba grabada con dos almudes de principal que se pagaban a la Casa Fuerte de Adeje. La capellanía quedaba perpetuamente obligada a una misa rezada a la Virgen del Rosario en su día o en su octava.

En el mismo Valle Bartolomé Hernández disponía que sus bienes pasasen a un hermano suyo durante su vida, con obligación de pagar el entierro, y tras su fallecimiento los heredaría otro hermano, y así sucesivamente, siempre con cargo de una misa de tres reales de capellanía a la Virgen del Rosario, que se diría en su capilla por el día de su octava. También dejaba otros bienes obligados a una misa de 3 reales a la Virgen de la Encarnación en la Ermita de San Lorenzo por el día de su fiesta.

Miguel Hernández de Fuentes y su mujer Águeda González, en el Ahijadero, dispusieron en 1756 ser sepultados en la capilla de San Agustín, en el Convento. De limosna ofrecieron 3 almudes de trigo y tres cuartillas de vino. Por la salvación del alma, encargaban 150 misas por espacio de un año, y dejaban una misa perpetua a la Virgen del Rosario, para que se dijera la víspera de su fiesta en el altar de San Nicolás de Tolentino, con dos reales de limosna. Esta obligación quedaba sustentada en unos cercos de higueras en el pago de Jama, y de perderse dichos frutales siempre quedaría la tierra[104].

Bartolomé Hernández Oreja y su esposa María Rodríguez dispusieron en 1747 en el Ahijadero la creación de una capellanía de 33 misas, que se habrían de rezar por la salvación de sus almas, nombrando patrono a su hijo Bartolomé Hernández. La fundación pesaría sobre unas casas, viñas y árboles que tenían en el citado Valle. Brígida Pérez Domínguez, en el mismo lugar (1763) dejaba unos terrenos en Malpaso con cargo de una misa perpetua, de dos reales, a la Virgen del Rosario. Los patronos serían sus sobrinos Tomás Francisco Valentín y María Josefa, no pudiendo ser enajenada la capellanía sin dicha carga, corriendo la cera a cargo del Beneficiado. Pedro Rodríguez Sierra y Beatriz González, domiciliados en el mismo pago, gozaron, a tenor del

[103] DÍAZ FRÍAS, N.: *Testamentos aroneros (Siglos XVII y XVIII)...*, T. I, pp. 300, 437, 426.
[104] Ibídem, T. II, pp. 21-22, 487, 369.

testamento otorgado en 1759, de cierto acomodo, pues tenían tierras, telares y fabricaban tejas. Para pagar los funerales dejaron unas fanegas de trigo, pero también gravaron unos terrenos situados en El Malpaís con dos misas rezadas en cada año, perpetuamente. Juan de Linares Machín, con residencia en el mismo lugar, en 1760 hace referencia a otra capellanía, la fundada por Julián García en El Almácigo, pues la señala como uno de los linderos –junto al camino real que conducía de Arona al Valle– del pedazo de tierras asignado para cubrir sus obligaciones fúnebres[105].

Tipología del testador

La mayoría de los testadores residían en Arona o en el Valle del Ahijadero, y a veces especifican el caserío concreto (Beña, Altavista, ...), muestra de que eran los pagos más poblados, pero algunos tenían otros domicilios, por ejemplo, Fernando Tacoronte, residente en La Escalona testó en Orotianda; Mateo Domínguez Custodio y su mujer María Domínguez lo hicieron en La Sabinita en 1771[106]; el matrimonio formado por José Delgado y María de Bethencourt testó en Cabo Blanco en 1761, manifestando su deseo de ser sepultados en la capilla de Nuestra Señora de Gracia, de la que eran esclavos[107].

En este espacio chasnero, que conformará la futura jurisdicción parroquial de Arona, destacaron determinadas familias por su religiosidad, por el deseo de sobresalir en el contexto local y por su interés en hacer méritos con los que ganar indulgencias para la salvación eterna. Nos detenemos en algunos de los testamentos otorgados por esos vecinos, pudiendo a través de ellos establecer distintas tipologías, según su posición económica o religiosidad. En este recorrido empezamos por unos vecinos que consideramos están en el origen de la Ermita de San Lorenzo, en el Valle del Ahijadero, nos referimos a Salvador González Guanche y a su mujer Beatriz González de Berganciano. En 1622 su testamento comenzaba haciendo reconocimiento de fe: *"En el nombre de Dios amen sepan quanto esta mem^a de testamto vieren como nos Salvador Gonzales guanche y Beatris gonsales su legitma mujer ambos a dos de mancomun y cada uno de por si insolidum y a vos de uno otorgamos esta dixa memora estando como*

[105] DÍAZ FRÍAS, N.: *Testamentos aroneros (Siglos XVII y XVIII)...*, T. II, pp. 261, 482, 413, 440.

[106] Como miembros de la Hermandad del Santísimo Sacramento dispusieron ser sepultados en la capilla del Rosario, dejando de ofrenda 3 almudes de trigo y un frasco de vino por cada uno. El mayor esfuerzo lo dirigen a la salvación del alma, pues encargan 70 misas, la mitad para cada uno: DÍAZ FRÍAS, N.: *Testamentos aroneros (Siglos XVII y XVIII)...*, T. II, p. 554.

[107] Para sus funerales dejaron dos casas de piedra seca y madera de tea, cubiertas de teja, con una huerta delante, salvo el cerco de una higuera, y si sobrara algo disponían se destinara a misas rezadas por sus almas: DÍAZ FRÍAS, N.: *Testamentos aroneros (Siglos XVII y XVIII)...*, T. II, p. 451.

estamos buenos sin estar enfermos de la mente... Item mandamos que a el tiempo y quando Dios fuere servido de llevarnos a cada uno de la presente vida ntro. cuerpo sea sepultado en la Parroquial del glorioso San Pedro de este lugar en ntra. sepultura que... y de propiedad en la dixa Parroquia"[108]. Aunque el estado del protocolo impide conocer con exactitud algunas de sus cláusulas, lo conservado permite comprobar su desahogada posición económica, significándola sus mandas espirituales (misas, ofrendas, donaciones). Entre ellas destacamos:

- Los tres oficios acostumbrados.
- Que las exequias las realizara un predicador por una limosna de 2 ducados.
- La limosna que dejan es de 4 fanegas de trigo, 2 barriles de vino y 4 carneros por cada uno de los testadores.
- En el entierro debían ser acompañados por los sacerdotes que en ese momento estuvieran en el lugar y por la hermandad de la Misericordia, a la que se le pagaría una dobla.
- Se oficiarían a cada uno 10 misas rezadas.
- Para la Cruzada y redención de cultivo dejaban 2 reales.

Para después del fallecimiento disponen se organizaran misas cantadas cada año en la Iglesia de San Pedro, en su día o en su octavario, pagándose por ellas 50 reales todos los años. Esta obligación se sustentaría en 12 fanegas de trigo que anualmente les pagaba Lucas Pérez, vecino del lugar, según escritura otorgada ante el escribano que había sido de Vilaflor, Martín de Barrios. Este tributo no podría enajenarse sin esta carga. Además, fundan una capellanía de una misa anual el día de Candelaria o en su octavario, en el altar mayor y perpetuamente, señalando para ello una limosna de 10 reales.

En el caso de fallecer uno de ellos antes, sería el otro el encargado de sufragar estas obligaciones de los bienes que el difunto dejara, y fallecidos ambos gravaban unas casas que habían comprado a Tomás Ribete flamenco, inmuebles que no podrían enajenarse sin esa carga[109].

---

108 Testamento de Salvador González Guanche, 1622, Escribano Madrid, 1622, Sig. 3.726, A.H.P.S.C.T.

109 Lindaban estas casas, por un lado con Pedro González, por otra con Bartolomé Pérez, por delante con la Calle Real y, por detrás, con un barranco: Ibídem.

Posteriormente se realizó algún codicilo, pero ya fallecido Salvador González Guanche su viuda otorgó en 1634 un nuevo testamento en el Valle del Ahijadero, que se conservó en el Archivo Parroquial de Vilaflor, y que es mucho más detallado en disposiciones fúnebres. Reitera su voluntad de ser enterrada en la Iglesia de San Pedro, donde se le oficiarían los tres oficios, con sus tres vigilias, y reduce la ofrenda de su sepultura a 4 fanegas de trigo y a 2 barriles de vino. En el sepelio debían acompañarle los sacerdotes y capellanes que estuvieran aquel día en el lugar y la comunidad agustina (sustituye a la hermandad de la Misericordia), reflejo de la importancia que iba adquiriendo el Convento fundado en 1613. Las limosnas debían pagarse de sus bienes, especificando que la misa de ánima, el día del entierro, se la debía ofrecer un fraile agustino. Entre las limosnas que deja, encontramos:

- 1 real para la Santa Cruzada y redención de cautivos
- 2 reales a cada una de las cofradías del lugar
- 2 reales a los lugares de la Casa Santa de Jerusalén

Mientras en estas disposiciones no se producen grandes modificaciones, sí que se experimenta un aumento considerable de las misas a oficiar, muestra de la preocupación que tenía por la salvación, sin descartar la posibilidad de que la viudedad la dejara más expuesta a las influencias religiosas. Como quiera que fuera, dispone:

- Que se dijeran 200 misas rezadas, lo antes que se pudiera, y que se repartieran entre el Beneficiado de la Iglesia y el Convento agustino del lugar, aunque autorizaba a sus albaceas, para mayor rapidez, a encargarlas en otros conventos, pagando 2 reales por cada una. Para sufragarlas deja la mitad de todo el trigo que tenía almacenado, con su hijo Alonso González, en su casa del Valle del Ahijadero.
- Una misa cantada a la Virgen del Rosario en Vilaflor, en su día o en su octava, con una limosna de 8 reales que anualmente tendría que sufragar su nieta María, pues a tal fin le legaba una casa en Vilaflor y unas tierras con media casa en el Valle del Ahijadero, con todo lo contenido en ellas.
- Que se le dijeran en el Convento de la Virgen de Candelaria 3 misas cantadas y 20 rezadas perpetuamente en cada año. De las cantadas una debía realizarse en el día de la Purificación, otra en el día de la Natividad y otra en el día de la Asunción o en sus octavas, señalando de limosna 10 reales para cada una. Las rezadas se oficiarían en los días del año en que no hubiera misas de capellanía, y se debían inscribir en las tablas de dicho Convento para que los futuros priores cuidasen de decirlas, para *"goce mi ánima y las de mis difuntos"*. Señala para dichos sufragios 6 fanegas de

trigo del tributo de 9 fanegas que anualmente y de forma perpetua tenía que pagarle Alonso González de la Mesa, reservando para sus herederos las otras tres fanegas y el dominio directo de los bienes.

- Tres misas cantadas perpetuamente en cada año, una a San Pedro por su día o en su octava, otra a la Concepción, en su día o en su octava, las dos en la Iglesia de Vilaflor, con una limosna para cada una de una fanega de trigo, y la otra misa se debía oficiar en el Convento agustino de dicho pueblo el día de Candelaria o en su octava. Las dos primeras debían decirse sobre su sepultura, y todas serían por su alma y la de sus difuntos. Para sufragarlas señalaba unas tierras en el Valle del Ahijadero, en Las Rozas de Mateo Rodríguez, que lindaba con el camino que venía de Cabo Blanco, y por el naciente con el Camino Real que iba a Malpaso. Estas tierras y capellanía las dejaba a su hijo Alonso González, pasando posteriormente a su hijo mayor y así sucesivamente[110].

De esta familia existen más referencias, pues Nicolás Rodríguez, que testó en 1655, era hijo de Luis Afonso Zamora y de Isabel González, hija ésta de Salvador González Natural y Beatriz González de Berganciano. De las cláusulas relativas a su funeral destacamos su deseo de ser enterrado en la sepultura de sus padres en la Iglesia de San Pedro y la fundación de una capellanía de misas a la Virgen del Rosario, con el patronazgo de su hija Ana González, a cuyo fin obligaba unas tierras.

El testamento del matrimonio formado por el Capitán de Milicias Aparicio González Natural (nieto de Salvador González Natural y Beatriz González de Berganciano) y María García, residentes en Arona en 1692, muestra su acomodo. La vinculación de la familia con el templo de San Lorenzo se aprecia en su declaración de que debían a la Virgen de la Encarnación, en el Valle del Ahijadero, 63 reales para una corona de plata, por lo que mandaban a sus herederos que en el plazo de un año la encargasen y se la pusieran en nombre de ellos. También dispusieron ser amortajados con el hábito de San Francisco en la Iglesia de San Pedro, en una sepultura que tenían situada entre el coro y el altar de San Benedicto, pagando la limosna de sus bienes. El acompañamiento estaría formado por el Beneficiado, los capellanes y la comunidad agustina. En cuanto a las ofrendas dejaban 2 fanegas de trigo y medio barril de vino para las sepulturas, un real para la Virgen de Candelaria "patrona de estas islas", y para el Convento y frailes de la Virgen de Candelaria una fanega y media de trigo anual. Los costos se cubrían gravando lo que les pagaba Ana González anualmente por unas tierras llamadas Cabo Verde. La obligación

110 DÍAZ FRÍAS, N.: *Testamentos aroneros (Siglos XVII y XVIII)...*, T. I, pp. 72-76.

que tendría dicho Convento a cambio de recibir el tributo y los derechos que a los testadores correspondiera en dichas tierras, sería de 6 misas rezadas anuales por siempre. A éstas se sumarían dos oficios que sus hijas tendrían que ofrecer, una a la Virgen del Carmen, por su día o en su octava, y otra a la Virgen del Rosario, a cambio de gozar las casas de su morada, el sitio y las alhajas que les quedaran.

En el Valle del Ahijadero también destacan los testamentos del matrimonio formado por Isabel Ana y Amador González (1675, 1677), pues sus cláusulas visibilizan sus posibles, no solo por las referencias a capellanías, sino por el detalle que se ofrece cara al entierro –además de su voluntad de ser enterrados con el hábito franciscano–, pues él mandaba que se le hicieran los tres oficios acostumbrados; que se ofrendaran 2 fanegas de trigo y medio barril de vino; que le acompañara el Beneficiado, el capellán y la comunidad agustina; que dijeran misas por su alma el día del entierro y honras; que se encendieran sobre su sepultura dos cirios, con responso del sacerdote, y que se dijeran misas durante el primer año. Entre sus propiedades llama la atención una que no estaba afecta a gravamen, situada en el Roque de Jama, por tanto, se situaría en las inmediaciones de la Ermita de San Lorenzo: *"pedazo en el Roque de Jama libre con un pie de higuera y la mitad de esta tierra es mía y la otra mitad con otra higuera es de mi hermano Juan González, que esta tierra linda por el naciente desde el camino real del Ahijadero el viso arriba hasta la era de los Navajas a las casas de mis padres y el camino arriba al cercado de mi hermano Juan González al barranco que va a La Fuente al camino real que viene del Ahijadero, camino real hasta La Degollada a los asientos encima el roque,..."*[111].

Si los testamentos de esta familia son importantes, no lo son menos los otorgados por los Domínguez, vecinos ligados a la creación de la Ermita de San Antonio Abad en Arona. María Salomé Delgado (Domínguez) hija del Capitán Antón Domínguez, testó en 1681, recreando Díaz Frías lo que debió ser su funeral en la Chasna del siglo XVII *"su cuerpo debió de ser trasladado por la comitiva fúnebre de parientes y amigos desde su domicilio en el actual pueblo de Arona, a hombros o bien atado a lomo de un camello, subiendo por el camino real de Altavista, atravesando el caserío de La Escalona a través de dicho camino real y, desde allí, hasta los llanos de Trevejos, en donde, hasta hace pocas décadas existía la llamada "piedra de los difuntos", en donde paraban las comitivas fúnebres a descansar hasta completar el largo camino hasta el destino final en el pueblo de Vilaflor... la triste comitiva portando el cadáver de María Salomé llegó finalmente al pueblo de Vilaflor, siendo depositado el cuerpo, tal como ella había ordenado, en la casa de su sobrino Juan de Frías a la entrada del Lugar, es decir,*

[111] Ibídem, T. I, pp. 103, 328-334, 193-198, 223-227.

en el caserío de Coto, ... Hasta la vivienda de dicho sobrino se desplazó el cura beneficiado de Vilaflor, llevando capa y la cruz en alto, con su sacristán y capellanes, así como los frailes agustinos del convento chasnero, los cuales, junto con los familiares y amigos de la difunta, acompañaron el cadáver de María Salomé, con toda la pompa y solemnidad de la época, por las calles del pueblo de Vilaflor, haciendo tres pausas en la calle, hasta llegar a la iglesia de San Pedro Apóstol, en donde el cuerpo recibió cristiana sepultura". La testadora manifestó su deseo de ser amortajada con el hábito franciscano y ser enterrada en la sepultura de sus antepasados, a la que tenía derecho. Si el día del entierro no fuere hora adecuada se celebraría al día siguiente un oficio cantado, de cuerpo presente, con su vigilia y responso. La ofrenda y misas no fueron muy importantes, pues las primeras se reducían a dos almudes de trigo y dos cuartillas de vino, y el total de las segundas ascendió a 20 misas rezadas (6 a la Virgen del Rosario en la Ermita de Arona, muestra de la veneración que despertaba esta imagen entre los vecinos, y las demás a la misma Virgen, pero en la Iglesia de Vilaflor), con un importe total de 50 reales, que se pagarían de sus bienes.

A la misma familia pertenecía Francisca Delgado –hija del Capitán Antón Domínguez y María García, y nieta del Capitán Antón Domínguez y Francisca Delgado de Frías–, quien en el año 1651 otorgó testamento, del que destacamos las cargas que tenían algunos de sus bienes por motivos espirituales, por ejemplo, la cuarta parte de un cercado que le correspondía en La Arena, dejado por su madre, estaba gravado con 3 misas rezadas en la Iglesia de San Pedro, tocándole a ella pagar la mitad de la limosna de dichas misas de capellanía, y otras tierras llamadas Lerena estaban cargadas con tres misas rezadas por la salvación de su madre, obligación que tenía junto a su hermana María Salomé Delgado[112].

El Alférez Lázaro Domínguez, descendiente también de Antón Domínguez y de Francisca Delgado de Frías, otorgó testamento en 1697, y dispuso ser enterrado en el Convento chasnero, con los tres oficios acostumbrados (entierro, honras y al cabo de año). En el sepelio debían acompañarle el Beneficiado y los capellanes, quienes asistirían a los tres oficios. También mandaba que su hijo fray Fernando, o quien él dispusiera, dijera las misas de San Vicente Ferrer (30 misas gregorianas en días consecutivos por la salvación del alma del difunto). De ofrenda dejaba una fanega de trigo y medio barril de vino. Todo lo dispuesto se pagaría de sus bienes, como también el entierro de una hermana que vivía con él, con los oficios acostumbrados.

[112] Ibídem, T. I, pp. 267-269, 97-98.

Las profundas creencias religiosas y la esperanza de una salvación eterna, se palpan en el testamento que en Arona otorgó María Domínguez –mujer del Alférez Juan Gaspar–, en 1662, quien tras manifestar: *"creyendo como creo en el misterio de la Santísima Trinidad que el padre es Dios, que el hijo es Dios y que el Espíritu Santo es Dios...",* le pedía que no le permitiera, como consecuencia de su enfermedad, cosa alguna contra la Santa Fe Católica. De forma minuciosa señala los pasos a seguir tras su muerte, sirviendo sus bienes para cubrir los gastos:

- El día de su fallecimiento o al día siguiente se debían hacer los 3 oficios acostumbrados, en concreto 3 misas cantadas con tres vigilias. Por ello se le darían al Beneficiado y al sacristán mayor 180 reales.
- De ofrenda deja media fanega de trigo y medio barril de vino.
- En el funeral debían acompañarle la hermandad de la Santa Misericordia y los agustinos.
- Debían pagarse 31 reales por misas, asistencia y acompañamiento a los religiosos el día del entierro.
- Se enterraría con el hábito de San Francisco, que a tal fin tenía.
- Se le debía enterrar en el sepulcro de sus padres en la Iglesia de San Pedro.
- Se entregaría un real de limosna a la Casa Santa de Jerusalén (conservación de los Santos Lugares y redención de cautivos, es decir, rescate de cristianos en poder de los musulmanes).
- A la cofradía del Santísimo Sacramento le dejaba un real.
- A las demás cofradías de la parroquia dejaba medio real a cada una, y para la de las Benditas Ánimas señalaba uno.
- Por su alma debían decirse 52 misas rezadas, en los domingos del año.

Otros vecinos destacaron en ese contexto local, y ello deja su reflejo en sus últimas voluntades. Así, en Altavista, encontramos a Francisca Juana, casada con Andrés Sánchez, quien disponía en 1666 ser enterrada en la sepultura de su madre en la Iglesia de San Pedro, y si no pudiera por estar ocupada, en la de su padre. Sus mandas indican cierto acomodo, pues el día del entierro se debía oficiar una misa cantada, con acompañamiento de los clérigos y de la comunidad de frailes. Lo más pronto posible se debían rezar 9 misas a la Virgen del Rosario, y unas cuatro o cinco a San Francisco. Como ofrenda dejaba media fanega de trigo, medio barril de vino y un carnero[113].

[113] Ibídem, T. I, pp. 341, 347-348, 127-128, 152.

Bartolomé Afonso Montesdeoca muestra su acomodo en el testamento otorgado en Arona (1769). Expresaba su deseo de ser sepultado en la capilla de la Virgen del Rosario, en una de las sepulturas señaladas para la hermandad del Santísimo Sacramento, como hermano que era de esa santa esclavitud. El número de misas a rezar a lo largo de un año las fija en 300, oficiándose tres en el entierro y otras 3 en las honras. También señala 12 misas para el cabo de un año, a pagar con las limosnas acostumbradas. En definitiva, el total señalado para los funerales lo fija en 1.000 reales, pero en el caso de que no bastase mandaba que se sacase lo necesario de sus bienes. Estas disposiciones junto a otras, como su deseo de organizar una fiesta a la Virgen de la Angustias o la promesa hecha a la de las Mercedes, hablan del temor al purgatorio, pero también de su bienestar económico y de su gran religiosidad[114], no en vano esta familia en Adeje está vinculada a la hacienda de Tijoco y a la Ermita de La Concepción.

En el testamento (1760) de Luisa García del Castillo, mujer del anterior, se corrobora la fortuna de la familia, pues dispone que se le enterrara en la capilla del Rosario, junto al sepulcro de su tío el Bachiller y Beneficiado que fue de Vilaflor Matías Ruiz Afonso[115], donde también estaban enterrados sus padres. Quería ser amortajada con el hábito de San Francisco pagándose de sus bienes la limosna. Para su entierro señaló la tercera parte del valor de un cercado que tenía en Arona, concretamente en La Cruz, de él se debía sacar la limosna necesaria para 50 misas que oficiarían los sacerdotes que se hallaran en el lugar.

De los costos que generaba la muerte da muestra el testamento de Antonio de Armas, otorgado en Arona en 1727. En él disponía se le enterrara con el hábito de San Agustín, para ganar los perdones que eran concedidos para la salvación del alma. Poseía sepultura en la Iglesia de San Pedro, pero declaraba su pobreza, por lo que solo obligaba a su entierro y honras, dejando la misa del año a voluntad de sus albaceas. No obstante, es de destacar que el testador pertenecía a una familia que había gozado de acomodo, lo que atestigua el hecho de que su abuelo Pedro de Armas vendiera el terreno en el que se levantó la Ermita de San Antonio, que sus abuelos maternos, Antonio Domínguez y María de Linares, hubieran vinculado tierras a favor de dicho templo, y que su padre, Salvador de Armas, hubiera sido mayordomo de ella, manteniendo el mismo testador un pleito en la Audiencia relacionado con la Ermita, proceso que pudo consumir buena parte de sus recursos "*mis cortedades y pobrezas*". No obstante, enumera numerosas propiedades, una de ellas en El Verodal,

---

[114] Ibídem, T. II. pp. 536-537.

[115] PÉREZ BARRIOS, C.R.: *La propiedad de la tierra en la Comarca de Abona en el Sur de Tenerife (1850-1940)*, Ed. Llanoazur, Ayuntamientos de Guía de Isora, Adeje, Arona, Vilaflor, San Miguel de Abona, Granadilla de Abona, Arico, LaCaixa, 2005, T. I, p. 368.

heredada de sus padres, las casas de su morada y unas tierras cercanas que lindaba con tierras de La Desdichada, y por el poniente y sur con un barranquillo y con el camino real que de Chasna iba a Los Cristianos[116], vía por la que se extraía la producción de Vilaflor. Pero este testamento resulta de interés por ofrecer de forma detallada el costo de un sepelio, pues enumera los gastos que había tenido por la muerte de su hermana María Borges y por su padre:

Gastos en el entierro de María Borges: 72 reales pagados al Beneficio; 19 a la hermandad de la Misericordia; 8 reales por la Cruz; 30 reales a la comunidad de San Agustín por las dos funciones; 4 reales por la misa del alma; 5 libras de cera, a 5 reales la libra.

Gastos por la muerte de su padre: 72 reales abonados al Beneficiado; 19 reales a la Santa Misericordia; 8 reales al sacristán; 36 a la comunidad de San Agustín; 30 reales por un hábito; 4 reales por la misa del alma; 8 reales por 4 misas oficiadas por el Licenciado Mateo Jorge; y otras cantidades por las libras de cera, a 5 reales la libra[117].

Abundantes son las disposiciones fúnebres que deja el euronero Francisco Delgado en 1765, quien manifiesta su deseo de ser sepultado con el hábito de San Agustín, en el Convento, pues era esclavo de la Madre de Gracia. De ofrenda dejaba media fanega de trigo y medio barril de vino, y mandaba se le pusiera sobre la sepultura dos candelones de a media libra cada uno el primer Día de Finados tras su fallecimiento, y después todos los domingos, cuartos de cada mes y, así, perpetuamente. Esta manda la garantizaba en un pedazo de tierra que tenía en la llamada Casa de Teja (La Escalona), de una fanegada y 2 almudes de puño. Su buena posición económica se desprende del hecho de haber pagado por el funeral de su segunda mujer, Lucia Hernández, 250 reales, aunque aún se adeudaban los derechos de la parroquia, que entraban en los citados 250 reales. Encarga al vecino Mateo Domínguez, a quien nombra heredero, la obligación de cubrir la libra de cera perpetua dicha anteriormente, aunque posteriormente hará cambios sobre estas mandas. Para pagar su entierro deja un jumento y tres ovejas.

De acomodo gozaba María Matías Borges, viuda del escribano de las bandas chasnera José Perrera Sarabia, e hija del Capitán Salvador Rodríguez Quijada –destacado propietario y Alcalde Real de Chasna– y María Matías Rivero. Testó en el Valle del Ahijadero en 1755, y dispuso ser enterrada con el hábito de San Francisco en el Convento –donde descansaba ya su marido–, en las condiciones que lo hacían los miembros de la hermandad. La ofrenda que

[116] DÍAZ FRÍAS, N.: *Testamentos aroneros (Siglos XVII y XVIII)...*, T. II, p. 433; T. I, pp. 623-630.
[117] Ibídem, T. I, pp. 623-630.

deja es de una fanega de trigo y medio barril de vino. Respecto a los oficios, establece que en los tres días de entierro, honras y cabo del año dijeran misa por su alma todos los sacerdotes que estuvieran en el lugar. Además, en el transcurso de un año se le rezarían 300 misas, a criterio de sus albaceas. No obstante, dispuso algunas condiciones como que su hijo Juan Antonio Sarabia, a cambio de una porción más de terreno, se hiciera cargo de decir por su alma 150 misas de las 300 que había dispuesto, y si hubiera algún exceso en el valor de la vara y media que le había señalado, disponía que lo devolviera en dinero a los demás hermanos o que lo aplicara en misas por su alma. Para pagar el funeral y entierro dispuso la venta de uno de sus esclavos, el llamado José, es decir, sus albaceas podrían venderlo y si no fuese suficiente podrían enajenar lo que creyesen conveniente[118]. Este hecho manifiesta la posición económica que disfrutaba la testadora, pero también la existencia de códigos morales muy diferentes a los que se extenderán en el siglo XIX.

La citada María Matías Borges realiza algunas aclaraciones respecto a la capellanía colativa fundada por su padre Salvador Rodríguez, de una suerte de tierras y casas en Montaña Gorda (Granadilla), a fin de que su hijo Pedro Rodríguez se ordenase de menores. Como posteriormente determinó casarse con María Soler de Padilla y Castilla, todos los hermanos entendieron que la citada capellanía no tenía validez, e hicieron partición como si de bienes libres se tratara, y se vendieron al Alférez Pedro González del Castillo, quien los gozó por unos veinte años hasta que Juan Antonio Sarabia, hijo de la testadora, consideró que dichos bienes le tocaban por ser de capellanía y, por tanto, no debieron entrar en partición. Tras obtener sentencia favorable, el Alférez Pedro González tuvo que pagarle los frutos y rentas por el tiempo en que había disfrutado los bienes.

El testamento de Catalina Leonor, viuda de Salvador González, con residencia en La Hondura, recogía en 1760 su deseo de ser enterrada con mortaja blanca en la Iglesia de San Pedro, en una de las sepulturas de la hermandad del Santísimo Rosario. Las misas que establece hablan de su acomodo, en concreto 62 rezadas por su alma, con colocación de dos cirios sobre su sepultura. De ofrenda señalaba 3 almudes de trigo y dos cuartos de vino. Para los gastos del funeral y pago de deudas dejaba 8 almudes de tierra calma de puño que tenía en El Lomo, lindante, entre otros, con la serventía que iba al Barranco de Chija, designando algunos bienes para que quedaran afectos al funeral y a las mandas. El resto lo dejaba en concepto de mejora a su hija Ana González con

[118] Ibídem, T. II, pp. 505-506, 347-352.

el cargo de una misa rezada anual y perpetuamente, a la Virgen del Rosario, en su día o en su octava, pagándose dos reales de plata de limosna[119].

Algunos testadores son minuciosos a la hora de establecer las misas por su alma, indicando no solo en qué altar se la debían oficiar, en honor a qué devoción y el religioso que debía realizarla. Salvador González Navajas, en el Valle del Ahijadero, dispuso en 1746 ser enterrado en la Capilla del Rosario con la ropa que había usado como esclavo de la hermandad. Si bien la ofrenda se limitaba a 3 almudes de trigo y 3 cuartillos de vino, sí dedica más recursos a misas por la salvación de su alma, *"espero en la Majestad Divina me perdone mis culpas y pecados"*, en concreto 50 rezadas, distribuidas en la forma siguiente: 10 estarían a cargo de fray Juan Sánchez (5 a la Virgen de la Encarnación en la Ermita de San Lorenzo y 5 a la Virgen de Gracia en el altar mayor del Convento de Vilaflor); otras 10 misas se dedicarían a la Virgen del Rosario en su altar y capilla, oficiadas por Antonio García del Castillo; otras 10 se brindarían a la Virgen del Carmen, a voluntad del Beneficiado, si quisiera decirlas, y si no, se las encargaba al prior del Convento. El padre fray Andrés Lorenzo subprior del Convento oficiaría otras 10 misas rezadas aplicadas a San Agustín en el Convento; cinco debían ser rezadas por el prior del Convento en honor de San Nicolás de Tolentino, y otras 5 las dedicaría fray Diego Lorenzo a la Virgen de Gracia, en el altar de Santa Rita de Casia (1746).

Las disposiciones de Juan de Torres Bencomo en 1741 muestran el temor del testador por la salvación del alma, pues, aparte de manifestar su deseo de ser amortajado con la ropa de la hermandad de San Agustín, de ser enterrado en el Convento y de señalar media fanega de trigo y 4 cuartillos de vino de ofrenda, ordenaba que se hicieran 60 misas rezadas durante el año siguiente a su fallecimiento, sin incluir las que se dirían el día del sepelio. Dispone también quiénes debían oficiar esas misas: 15 estarían a cargo del Beneficiado en el altar mayor de la parroquia; 15 las diría Antonio García del Castillo; 15 el prior del Convento, en el altar de San Nicolás de Tolentino y otras 15 fray Nicolás de San José Torres.

En el Valle del Ahijadero, Sebastián Paz dejaba disposiciones para que se le enterrase con un alba blanca en la capilla del Rosario, pues era hermano de la misma. Encargaba la organización del funeral a sus hermanos Pedro Paz y Francisco Delgado, para lo que les dejaba 5 colmenas, 6 ovejas con dos crías y una cabra parida. A su hermana Brígida (?) Paz la beneficiaba con un pedazo de tierra en Malpaso, con cargo de una misa anual a la Virgen del Rosario, y con una cajita de pino con su contenido, a fin de que mandara

[119] Ibídem, T. II, pp. 349, 423-424.

decirle alguna misa más por su alma, 5 de ellas debían ser oficiadas por el capellán fray Juan Sánchez.

En Altavista testaba en 1706 Domingo Bethencourt. Mandaba que se le enterrara en la Iglesia de San Pedro, que le acompañara el Beneficiado, el sacristán y los capellanes que estuvieran, que se le dijeran 12 misas los domingos a la Virgen del Rosario, que debían oficiarse por el Licenciado Melchor Afonso Montesdeoca, pagándose las correspondientes limosnas con ofrenda de 3 almudes de trigo y 3 cuartillos de vino, que se pagarían de sus bienes. Declara deber a la Virgen del Rosario de Arona 55 reales por una sementera que había hecho, a medias, con la Virgen.

En el Valle del Ahijadero, en 1737, María González disponía ser enterrada en la Iglesia de San Pedro, y que fuera Juan Antonio Sarabia el que le dijera por su alma 6 misas rezadas en la Ermita del Ahijadero, en honor a San Lorenzo, prueba de la veneración que sentía por el Santo. También dispone que Antonio García del Castillo le dijera otras 6 misas aplicadas a la Virgen del Rosario, y otras 6 debían ser rezadas por fray Diego Lorenzo, aplicadas a la Virgen de la Concepción[120].

Juana María, viuda de Melchor de Torres Sierra, testó en Cabo Blanco en 1705, y dispuso se le enterrara en la capilla de la Misericordia, pues su marido había sido hermano. Quería que le acompañara el Beneficiado con la Cruz y con el sacristán. Los oficios que señala serían los tres acostumbrados, gastos que se pagarían de sus bienes. De ofrenda dispone 2 almudes de trigo y 2 cuartillos de vino. Diez misas debían ser oficiadas por su sobrino el Licenciado Melchor Alfonso, y otras 10 las encarga al Licenciado Jorge, a voluntad del Beneficiado. Sus bienes responderían por estas mandas, en concreto medio cercado que tenía en La Hondura.

Gaspar de Linares, en El Anconito, dispuso en 1706 ser enterrado en la Capilla de la Misericordia, por ser hermano. Las 20 misas rezadas que deja a San Agustín y las 10 a Santa Rita, se las encomienda al padre prior del Convento.

José de Torres Bencomo, en el Valle del Ahijadero (1756), dejaba detalladamente instrucciones para cuando llegara el caso de su muerte. Los religiosos del Convento se encargarían de gran parte de las misas por su alma, pues además de las del día del entierro ordena 30 misas a lo largo de un año, que se rezarían: 6 en el altar de la Virgen de Gracia por el padre prior; 4 en el altar de San Agustín por el padre fray Juan Sánchez; 6 en el altar de San Nicolás de Tolentino por fray Andrés Lorenzo. Del resto, 7 se oficiarían en el altar de la

[120] Ibídem, T.II, pp. 253, 184, 314; T. I, p. 505; T. II, pp. 130-131.

Virgen del Rosario por el Licenciado Antonio del Castillo, y otras 7 estarían a cargo del Beneficiado en el altar de la Virgen del Carmen[121].

Beatriz González Ruiz del Castillo era miembro de una acomodada familia de la comarca[122], y testó en Arona en 1745. En él declaró haber otorgado testamento anteriormente, y dispuso se le sepultara a los pies del altar de San Nicolás, en el Convento, donde tenían sepultura los de su casa. Respecto a las misas indica que se le dijeran 200, no las 250 que había manifestado en el testamento anterior, 50 de ellas estarían a cargo del Beneficiado, y las restantes las dejaba a voluntad de sus albaceas. Consigna para su entierro y demás gastos 300 reales al contado[123].

Presumimos que Rufina de Medina, vecina de Arona, tenía cierta posición, pues pese a una modesta ofrenda, tenía sepultura delante del altar de San Juan, y enumera varias promesas: una hecha a la Virgen de Candelaria, otra a la Virgen de los Afligidos de El Realejo de Abajo, otra a la Virgen de la Encarnación de Adeje y un clarín a la Virgen del Rosario en Arona[124].

Unas veces los testadores hacen referencia clara a la pobreza para justificar lo poco que invierten en el entierro y mandas, pero normalmente esta situación se desprende de la cortedad de bienes que relacionan o de sus escasas disposiciones espirituales. Así, en 1703 testaba en Chimaca Francisco Rodríguez Fanfarra, quien después de disponer ser sepultado en el Convento agustino, donde tenía sepultura, con las misas acostumbradas, manifestaba su deseo de ser acompañado por el Beneficiado con la Cruz, por el sacristán, por la comunidad agustina y por la hermandad de la Misericordia, de la que era hermano, mandando a sus albaceas pagasen a la hermandad lo que debía por su pobreza y cortedad de bienes.

Pedro Alonso testó en Cabo Blanco en 1692. Dispuso se le enterrara en la Iglesia de Vilaflor, y como solo disponía del derecho a la herencia de sus padres, *"por no tener otra cosa que pueda alcanzar el funeral"* lo cedía al Beneficiado, para que lo aplicase a la salvación de su alma.

---

[121] Ibídem, T. I, pp. 487-488, 499, T. II, p. 357.

[122] Su padre, Pedro García Domínguez del Castillo, gozaba de una desahogada posición económica y fue Alcalde de Vilaflor durante varios años. Estuvo casada con el Alférez de milicias Lázaro de Frías Mazuelo Bello, nieto del Alcalde de Granadilla Juan Bello y del notario público y Capitán de milicias Lázaro Frías Mazuelo: DÍAZ FRÍAS, N.: *Testamentos aroneros (Siglo XIX). Una visión de la vida en Arona a través de los testamentos otorgados por sus vecinos,* T. III, Ed. Idea, 2013, p. 240.

[123] DÍAZ FRÍAS, N.: *Testamentos aroneros (Siglos XVII y XVIII)...,* T. II, pp. 245-246.

[124] Además de los bienes territoriales y mobiliario, relaciona espadas, arcabuces, un anillo de oro, una gargantilla con cuentas de oro, etc: DÍAZ FRÍAS, N.: *Testamentos aroneros (Siglos XVII y XVIII)...,* T. II, pp. 198-200.

En otros casos, aunque el boato muestra la existencia de recursos, los testadores hacen referencia a sus carencias. Por ejemplo, Catalina Leonor, en el Malpaís, dispuso se le sepultura en la tumba que tenía de sus abuelos en la Iglesia de San Pedro, con mortaja blanca. Mandaba se le hicieran 3 pausas en la calle y que le acompañara la comunidad agustina el día del entierro, pero nada más por ser cortos sus bienes (1766). Por su parte, Agustín Hernández Domínguez (testamento otorgado en Arona en 1777) dispuso que, como cófrade de la hermandad del Santísimo, se le enterrara en la capilla del Rosario, que le acompañara el Beneficiado con capa y Cruz alta, y que se encendieran sobre su cuerpo dos libras de cera, gastos que se cubrirían con sus bienes, dejando también 12 pesos para funciones religiosas (6 por su funeral y otros 6 que debía del entierro de su mujer). Afirmaba este testador tener muchas deudas y pocos bienes, por lo que autoriza al Beneficiado a tomar a cuenta de sus derechos unas tierras de 3 fanegadas que tenía en el Malpaís.

Llama la atención que frente a escasas inversiones en el entierro, preocupen más las misas por la salvación del alma, así parece ocurrir en el caso de Isabel María de la Sierra, residente en el Valle del Ahijadero, pues mandaba en 1731 ser sepultada en el Convento, en la sepultura donde había sido enterrado su marido Juan González Amador. De ofrenda solo dejaba dos almudes de trigo y un cuartillo de vino, pero su mayor inversión la dirige a misas, 50 rezadas a lo largo de tres años, las que se pagarían de sus bienes, entre otros, unas tierras situadas por arriba de la Ermita de San Lorenzo.

El testamento de María de Abreu, viuda de Juan de Linares, otorgado en Arona en 1693 muestra la existencia de dificultades económicas, pues declaraba deber algunas cantidades al Beneficiado y una romería a San Francisco. Sin embargo, presta atención a sus funerales, y señala que las misas por su alma las dijera el padre prior en el altar de San Nicolás, en el Convento, ordenando 12 misas a la Virgen del Rosario a lo largo del primer año de muerta, una al mes y una de ellas en el domingo de la Virgen del Rosario. Como ofrenda en la sepultura dejó un almud de trigo y un cuartillo de vino, un día de vela con una candela encendida y una misa[125].

La pobreza de María de Mena, en Arona, queda clara, pues señala que le acompañara el Beneficiado, pero con Cruz baja y sin capa *"como pobre que soy"*. Ofrece detalles de cómo deseaba ser amortajada –con un manto negro– y manifiesta su voluntad de ser enterrada en la sepultura de su abuelo Gaspar Díaz de León, en la Iglesia de San Pedro, oficiándose las misas de ánimas en el

[125] DÍAZ FRÍAS, N.: *Testamentos aroneros (Siglos XVII y XVIII)...*, T. I, p. 459, 316-317; T.II, 510, 596, 19; T. I, p. 339.

Convento. La vecina de Arona Juliana Hernández reconoce su pobreza, pues manda que se le enterrase en la Iglesia de San Pedro y que se le hiciera un oficio religioso ese día, con 3 libras de cera, y dada su pobreza solo pedía algunas misas en el altar de la Virgen del Carmen.

Domingo González, vecino de Beña, vivía con modestia, limitándose en su testamento (1741) a ordenar que se le enterrara en la Iglesia de San Pedro. Pese a su posición humilde este vecino sabía firmar, lo que en su época le singularizaba. Antonio Luis Mayor, vecino de Arona, reconoce también su pobreza y aunque señala poseer sepultura en la Iglesia de San Pedro, deja las decisiones a sus hijos *"solo pido a mis hijos, herederos y albaceas hagan conmigo y mi alma lo que ellos desearan haga Dios con las suyas, y así les pido a los dichos mis hijos que cada uno me mande decir una misa a Nuestra Señora del Rosario en su capilla y altar de la parroquial del Señor San Pedro y les pido sean cuanto antes"*. También José Domínguez Fraga, en Arona, manifestaba su pobreza, estipulando solo que se le enterrara en el Convento, dejando el asunto del funeral a su padre y esposa *"para que hagan con mi alma lo que yo hiciera con ellos"*.

A veces la falta de ofrenda se justificaba por otras razones, así Mariana Francisca, residente en Las Casas (Arona), expresa su deseo de ser enterrada en la capilla del Rosario, y con respecto a la cera señala que por no tenerla y por estar difícil de conseguir, dejaba el asunto en manos de sus albaceas, que pondrían la que pudieran.

Pedro Martín Lemus, en Arona (1750), limita sus disposiciones alegando su pobreza y, de hecho, manda se le amortajase con una sábana blanca, signo de humildad, en la Iglesia de San Pedro. Pero en sus disposiciones encontramos signos de boato, pues manda que le acompañara el Beneficiado con la Cruz de la parroquia, que se le pusieran dos libras de cera y que se le dijera una misa cantada. Además, destina de limosna a la Casa Santa de Jerusalén y a la redención de cautivos medio real, por una sola vez, lo que *"apartaba de sus cortos bienes"*. A su mujer le rogaba le aplicase las misas rezadas que pudiese, y que no se gastase más de dos libras de cera en el entierro, por hallarse con mucha pobreza.

José de Linares, residente en Arona, disponía que se le enterrara en la Iglesia de San Pedro, pero, dada su pobreza –no tenía más que dos partes de casas en Chasna– no señala nada más respecto a su entierro, limitándose a manifestar que "*...aprecien y lo que fuere se me aplique a mi funeral*"[126].

Dificultades económicas sobrevenidas pueden obligar a los testadores a realizar modificaciones en sus últimas voluntades, por ejemplo, así lo hizo en

[126] Ibídem, T. II, pp. 206, 25-26, 156, 164, 206, 280, 304, 310, 419.

1711 el matrimonio formado por Miguel González Martínez y Catalina Hernández, en La Cruz Alta, que "*por haber caído en pobreza*" reducen la media fanega de trigo y 2 cuartillos de vino, establecidos en principio, a 3 almudes de trigo y a 1 cuartillo de vino, por cada uno[127].

Muestra no solo de la desahogada posición económica sino de la religiosidad –incluida la veneración a los patrones de las ermitas chasneras–, es el testamento de Diego de la Sierra, otorgado en el Valle del Ahijadero en 1683. Dispuso se le enterrara en la Capilla del Rosario, donde tenía sepultura al ser hermano del Santísimo Sacramento, pagando la limosna acostumbrada. A sus herederos encomendaba que la misa del alma se hiciera al glorioso San Nicolás de Tolentino, en el Convento del lugar, y manifestaba su deseo de ser acompañado por el Beneficiado y por los capellanes que hubiera, con capa y Cruz alta, y que si fuera hora adecuada se le dijera un oficio de cuerpo presente, y si esto no fuera posible se realizara al día siguiente, sin olvidar los tres oficios acostumbrados. También dispone que le acompañara la comunidad agustina, y que ésta dijera misas por su alma, para lo que señala una limosna de 20 reales. El día de sus honras se le debían poner de ofrenda sobre su sepultura media fanega de trigo y medio barril de vino. Sus herederos, en los tres años siguientes a su fallecimiento, debían encargar 150 misas rezadas, aunque no determina dónde. A la cofradía del Santísimo Sacramento le deja de limosna dos reales y a la del Rosario otros dos, a las demás cofradías del lugar medio real a cada una. Para la Casa Santa, redención de cautivos y demás mandas forzosas señala medio real para cada una. Su veneración por San Lorenzo se manifiesta en el hecho de encargar una misa rezada al Santo, en el Valle del Ahijadero, sufragado todo de sus bienes.

A la Ermita de San Lorenzo se refiere María González en 1737, pues además de ordenar que se le enterrara en la Iglesia de San Pedro, manda que Juan Antonio Sarabia le dijera 6 misas rezadas por su alma en honor a San Lorenzo, en su Ermita. La devoción a San Lorenzo se aprecia también en el testamento de Juan Pérez Amador, avecindado en el Valle, pues dispuso en 1738 –además de ser enterrado en la capilla del Rosario en la parroquia de San Pedro, y señalar las ofrendas de trigo, vino y cera– se le dijeran 50 misas rezadas durante 3 años. Una parte debían ser oficiadas por su compadre Antonio García del Castillo, otras por Juan Antonio Sarabia en la Ermita de San Lorenzo, aplicadas estas últimas a la Virgen de la Encarnación y a San Lorenzo Mártir, y otras

[127] Se le enterraría en la capilla del Rosario: DÍAZ FRÍAS, N.: *Testamentos aroneros (Siglos XVII y XVIII)...*, T. I, pp. 562-564.

por el padre fray Diego Lorenzo en el altar mayor del Convento de Vilaflor en honor a la Virgen de Gracia[128].

Veneración a la Virgen de la Encarnación mostraba María Francisca, mujer de Blas González, en el Valle del Ahijadero, pues en su testamento, fechado 1669, declaraba ser hermana de la Virgen del Rosario, y habiendo cumplido con sus obligaciones ruega al Beneficiado Matías Ruiz Alfonso velase por ella *"pues soy oveja de su manada"*. A sus hijos les obliga con ciertas cantidades para la salvación de su ánima, y a su hija María Bartolomé le encarga que pagase la limosna de una sarta de corales a la Virgen de la Encarnación en el Valle del Ahijadero, que se la dejó su hermana Eufrasia María. También Salvador González Navajas, vecino del Valle del Ahijadero, disponía que algunas de las misas se hicieran en honor a la Virgen de la Encarnación, en la Ermita de San Lorenzo. Así como hemos visto varias mandas referidas a la Ermita del Ahijadero, las encontramos en el caso de la de Arona, por ejemplo, Agustín González Brito señalaba que varias misas debían hacerse por su alma en el altar de la Virgen del Rosario, en la Ermita de Arona[129].

El hecho mortuorio en el siglo XIX. La adaptación de la tradición

A tenor del contenido de los testamentos conservados en la parroquia de Arona, las creencias y prácticas seguirán los patrones de los siglos anteriores, con las diferencias derivadas de la conversión de la antigua Ermita de San Antonio Abad en Iglesia-parroquial. Así lo confirma la declaración de fe realizada por Domingo González Paz en 1824: *"...creyendo y confesando como firmemente creo y confieso el altísimo, inefable e incomprehensible misterio de la Beatísima Trinidad, Padre, Hijo y Espíritu Santo, tres personas distintas y un solo Dios verdadero y todos los dogmas, misterios y sacramentos que cree y confiesa nuestra Santa Madre Iglesia Católica Apostólica Romana, protesto vivir y morir como católico cristiano: Yo mando por intercesora a la Santa Virgen María Madre de Dios y Señora Nuestra y el Santo Ángel de mi Guarda y demás de la corte celestial para que impetren de Nuestro Señor y Protector Jesucristo, que por los méritos infinitos de su preciosísima vida, pasión y muerte me perdone mis culpas y lleve mi alma a gozar de gloria: temeroso de la muerte que es natural y precisa a toda criatura humana y su hora incierta...disposición testamentaria en descargo de mi conciencia..."*[130].

[128] DÍAZ FRÍAS, N.: *Testamentos aroneros (Siglos XVII y XVIII)...*, T. I, pp. 272-273; T. II, pp. 130-131, 138.
[129] Ibídem, T. I, p. 169; T. II, p. 253, 612 .
[130] DÍAZ FRÍAS, N.: *Testamentos aroneros (Siglo XIX)...*, p. 466.

El templo primitivo no estaba llamado a convertirse en lugar de enterramiento colectivo, a lo sumo se preveía acogiera la sepultura de sus fundadores o benefactores, así parece desprenderse del deseo manifestado por Pedro de Armas, vendedor el terreno donde se levantaría la Ermita de San Antonio Abad, en 1644, al manifestar su deseo de levantar un altar con opción a tener en el templo asiento y sepultura[131], aunque no nos consta se hicieran enterramientos en él.

Sin embargo, al producirse la segregación religiosa de Vilaflor el edificio tuvo que adecuarse a las nuevas necesidades, y ello pasaba por su ampliación y dotación. La sencillez y humildad del edificio no parecían adecuadas para su nuevo status, por lo que era necesario ampliarlo, pero esa grandiosidad no solo debía responder a una cuestión estética o de dignidad, sino a la función sepulcral que adquiría, de ahí la necesidad de construir la capilla, y ampliar la nave.

Debían excavarse sepulturas, unas vinculadas a las hermandades o cofradías que se ocuparían de los entierros, otras serían de titularidad particular, y tendrían que abrirse fosas comunes para los pobres, siguiendo las prácticas de Vilaflor. Los trabajos se llevaron a cabo con la colaboración vecinal, incluidos los emigrados en América, de hecho conocemos el mecenazgo realizado por el indiano José Bethencourt Medina, quien hizo donaciones, entre otras, para la construcción de los arcos de la Iglesia y para el enlosado de dos de sus sepulturas[132], lo que ofrece información sobre la utilización de losas en su cubrimiento.

Los aroneros, a través de los testamentos, siguieron dando instrucciones sobre sus futuros entierros, caminándose hacia una mayor austeridad, siguiendo la tendencia iniciada en el siglo XVIII por parte de los sectores más ilustrados[133].

Si analizamos las defunciones habidas en Arona en aproximadamente cuatro décadas desde la creación de la parroquia, vemos que fueron muy pocos los que otorgaron testamento. Algunos lo hicieron ante escribano, por ejemplo, Lucía Sarabia en 1802, y otros lo dictaron ante testigos, caso de María Mena en 1801. La pobreza explica la ausencia de testamentos, y así consta en el caso de María González Brito. Está claro que los calificados como pobres, limosne-

131 PÉREZ BARRIOS, C.R.: "Patrimonio religiosos en Arona: la Iglesia de San Antonio Abad", *Revista Taro*, nº 3, Ayuntamiento de Arona, 2019.

132 PÉREZ BARRIOS, C.R.: "Patrimonio religiosos en...; *Arona. Un recorrido por su historia*, Ed. Llanoazur, Ayuntamiento de Arona, 2015, p. 210; *La propiedad de la tierra en la Comarca de Abona en...*, T.I, p. 387.

133 ARBELO GARCÍA, A.: *Las mentalidades en Canarias en la...*, p. 2006.

ros, esclavos o libertos[134] no testaban, y representan en relación con el total de difuntos de esta cuarentena de años un 8,5%. No obstante, la indolencia por redactar testamento alcanzaba a grupos sociales que gozaban de mejor posición, a título de ejemplo podemos nombrar al mismo párroco, Luis Herrera Cruz, que muerto en 1819 no otorgó testamento, como tampoco parece lo hizo el que fuera primer Alcalde de Arona, Bartolomé Agustín Sarabía, fallecido en 1812.

Pero, los datos que arrojan estas fuentes son de interés porque arrojan una mortalidad infantil catastrófica, de hecho, un 37% de las defunciones habidas correspondían a párvulos, siendo especialmente llamativos los años 1804, 1805, 1806, en concreto en este último año la mitad de las muertes (29) correspondían a niños, siendo muy trágico también el año 1812 (15 párvulos de un total de 45).

En cuanto a la residencia que tenían los fallecidos parece evidenciarse que la mayoría eran de Arona, seguidos de los del Valle de San Lorenzo. Pero también encontramos algunos fallecidos en Malpaís, Cabo Blanco, Beña, Sabinita, Túnez, Altavista y Hondura. No obstante, tendríamos que plantear la posibilidad de que el menor peso de fallecidos en el Ahijadero, respondiera a la tensión que se vivió como consecuencia de la elevación a Iglesia de la Ermita de San Antonio, tanto por parte de los valleros como del Beneficiado de Vilaflor, siendo probable que en esos años se siguiera optando por el enterramiento en Vilaflor, práctica que las obras que se realizaban en la Iglesia de Arona justificaban. Sin embargo, con el paso de los años ese dominio, casi absoluto, de las muertes de Arona puede responder a una simple labor de síntesis, recogiendo solo el municipio de residencia, pues la documentación contempla el caso de residentes en otros municipios.

Entre las causas de defunción que se recogen está el de la vejez y la muerte repentina. Pero en algunos casos se indica la enfermedad, como apoplejía, perlesía (Ana González García a los 83 años en 1809, y Francisca González Sierra en 1814). La información respecto a las causas de la mortalidad es más exhaustiva para el año 1821, pues encontramos, además de la vejez, el saram-

[134] Entre los esclavos, libertos o familiares de éstos, encontramos a Luisa Hernández, mujer de José de Frías, muerta en 1899; Bárbara Galván, de estado libre; Antonio Alayón, de estado libre, hijo de Francisco Alayón y de María García, residió en La Sabinita; Lorenzo Galván González, tenía bienes y estaba emancipado; Ana María esclava de José Hernández Montesinos, muerta a los 73 años en 1807; Agustín León, esclavo de Mateo Vicente de León, murió a los 20 años en 1822; José María García, de estado libre, limosnero, hijo de María Josefa García murió en 1825 a los 26 años; Juan Antonio Domínguez, de estado libre, hijo de Feliciano Domínguez y Josefa Aponte; Francisco Javier Sierra, de estado libre, hijo de Francisco Sierra y María del Carmen V, murió a los 20 años en 1825: Libro de Defunciones de la Iglesia de San Antonio Abad.

pión (un párvulo), pútrido, hidropesía, tabardillo, perlesía, pulmonía, etc., en concreto Francisco Morales moría en 1820 como lazarino o casi peste[135].

Algunos fueron víctimas de accidentes laborales y otros se mataron transitando por escabrosos caminos, así conocemos, por ejemplo, que murieron enriscados o riscados Francisco Javier Sierra en 1825, Juan Barrios en 1808, José Antonio Gabriel en el Valle del Ahijadero en 1811 y Antonio José en 1821. Más infrecuente era morir como consecuencia de fenómenos climatológicos, pero este fue el caso de Juan García de la Cruz que falleció en Arona, en 1803, por los efectos de un rayo; los partos, dadas las carencias sanitarias, fueron causa de fallecimiento de muchas mujeres, así ocurrió con Andrea García Frías en 1893, Amalia Domínguez Alfonso en 1895 y Margarita de Abreu en 1908; de otro tipo de accidente podemos citar la muerte de María Manuela Lemus en 1808, que murió ahogada cuando contaba con 24 años de edad[136].

Los eventos festivos en ocasiones terminaban de forma trágica, así perdía la vida el joven de 25 años, Juan Linares Miranda, natural de Arona que murió como consecuencia de una agresión con una piedra en los carnavales de Santa Cruz en 1907.

Hasta la cuarta década del siglo XIX los entierros seguían haciéndose mayoritariamente en iglesias y conventos, por ello el patronazgo seguía siendo un hecho claro de diferenciación social entre las elites y los grupos populares. Los vecinos más acomodados tenían lugares de enterramiento preeminentes en los templos: altares mayores, cercanía de la epístola, y la burguesía decimonónica, emulando a la oligarquía tradicional, invertirá en la mejora de los templos, con el fin de tener allí sus sepulturas, dejando claro de esta forma su poder económico y su prestigio social[137], como ocurrió en Arona con la familia Bethencourt Medina.

Las misas en el siglo XIX se reducirán respecto a los siglos anteriores, pero seguían considerándose esenciales para redimir los pecados y acortar el purgatorio, por lo que debían realizarse con prontitud. Pese a los cambios de actitud ante la muerte, los ritos funerarios seguían siendo importantes[138].

Al elevarse a Iglesia la antigua Ermita de San Antonio Abad (Auto de 30 de marzo de 1796), algunos parroquianos optaron por modificar sus cláusulas testamentarias, para poder ser enterrados en la nueva Iglesia. No obstante, las

---

135 Libro de Defunciones de la Iglesia de San Antonio Abad, A.P.A.

136 Ibídem.

137 *El Progreso*, 11-3-1907; ARBELO GARCÍA, A.: *Las mentalidades en Canarias en la...*, pp. 208-209.

138 Ibídem, p. 213.

obras que se llevaron a cabo durante esos años en el templo, a fin de adecuarlo al nuevo nivel, debió retraer a muchos vecinos, que veían más seguro para la dignidad del funeral y para la salvación del alma mantener el enterramiento en Vilaflor, sin olvidar que esta cuestión debió ser otro motivo más de confrontación entre el nuevo curato y el Beneficiado de Vilaflor, que perdía una importante fuente de ingresos, pues no olvidemos que también se segregó la Ermita de San Miguel y que la de San Lorenzo se colocó bajo la jurisdicción de la de Arona. María Hernández Fuentes, por ejemplo, residente en el Ahijadero, pese a existir ya la Iglesia de San Antonio Abad, dispuso se le enterrara en el Convento agustino de Vilaflor, amortajada con el hábito de San Francisco, a fin de conseguir las gracias que por él se concedían[139].

El Obispo Tavira para el mejor gobierno de la Iglesia de Arona y para que los párrocos cumplieran con su ministerio, estableció una serie de obligaciones, entre las cuales estaba el velar por los excesos de curanderos y el crear una hermandad con el nombre de Misericordia, que debía ocuparse de los enterramientos. La hermandad tendría que dotarse con todos los utensilios necesarios para las funciones fúnebres, y los hermanos debían encargarse de velar por turnos, proporcionando todos los socorros y alivios a los pobres gravemente enfermos, especialmente a aquellos *"que se hallen destituidos de humano socorro"*. También mandaba se crease otra hermandad, bajo el nombre del Santísimo Sacramento, que garantizaría el culto al Señor Sacramentado[140].

Por tanto, contemporáneas a la parroquia fueron las hermandades de la Misericordia y del Santísimo Sacramento. La hermandad o confraternidad de la Misericordia se fundó el 12 de junio de 1796, con la finalidad de sepultar los cadáveres en la parroquia de San Antonio Abad. Se eligió por patrona a la Santísima Cruz. La cuota que debía pagarse para ingresar dependía de las posibilidades económicas de cada miembro, no excediendo de 10 reales. En la misma fecha se acordó la construcción de un ataúd y la adquisición de un paño, cojín y demás utensilios para enterrar.

La hermandad del Santísimo Sacramento, según lo dicho, también debió crearse al tiempo que la parroquia, recogiendo su existencia Escolar Serrano en 1805 *"la parroquia cuenta con las cofradías del Santísimo Sacramento, fundada al objeto de dar culto al Santísimo y socorrer a los pobres, y la Misericordia, para el entierro de los necesitados. Los únicos fondos con que cuentan son las*

[139] DÍAZ FRÍAS, N.: *Testamentos aroneros (Siglo XIX)...*, p. 113.
[140] PÉREZ BARRIOS, C.R.: *Arona. Un recorrido por su ...*, p. 203; Libro de Mandatos, 30-3-1796, Iglesia de San Antonio Abad de Arona, A.P.A.

limosnas de los fieles"[141]. No obstante, sus estatutos datan de 21 de mayo de 1809. Pese a la fecha de los estatutos y de otras noticias contradictorias, las cuentas de los mayordomos comenzaron en 1796, por lo que presumimos que su funcionamiento comenzó con la creación de la parroquia. Distintas cláusulas establecen en los estatutos las obligaciones que contraían sus miembros:

- Para entrar en ella los interesados debían presentar un memorial pidiéndolo, y el párroco y el hermano mayor encargarían a dos hermanos, de los más antiguos, se informasen sobre sus costumbres y proceder.
- Los miembros que no tuvieran impedimento legítimo debían asistir a la Iglesia con su hacha y túnica los domingos, el Jueves Santo, Pascua, Ascensión y en los tres días de las principales fiestas de la Parroquia, que eran el día del Sr. de la Salud, el de la Virgen del Rosario y el de San Antonio Abad. Cada hermano debía tener su hacha en el cajón y el que no pudiera asistir avisaría al hermano mayor, quien le corregiría por sí o por medio de otra persona, en la segunda falta se le multaría con media libra de cera, en la tercera con una libra de cera, y si persistía en la negligencia se le convocaría para expulsarle sin oírle.
- El cuidado de los que faltasen estaría a cargo de un fiscal nombrado por el hermano mayor, y debía encargarse de tomar razón de las negligencias y de comunicarlas al hermano mayor, quien establecería las penas, para mayor caudal de la hermandad.
- En la muerte de algún miembro se avisaría al mayor, y este a los demás para que asistieran al entierro. A los que faltasen sin causa se les multaría con 2 reales para una misa por difunto. Para controlar estas faltas se nombraban 2 bedeles o encargados por año.
- En la muerte de un hermano, el día del entierro se le debían poner 12 hachas en el túmulo, o 6 el día del entierro y otras 6 el día de honras. Al mes se haría una misa por el muerto, y de limosna se le darían al cura 12 reales, que serían para él y el sacristán mayor, y al sacristán menor se le entregaría un real. Para cubrir estos gastos cada hermano debía aportar medio real de plata y lo que sobrara se invertiría en misas. El cura pedía cuentas al mayor, y en caso de que este fuera negligente podía recurrir a la justicia.
- Si moría la mujer de un hermano la hermandad le acompañaría, y se le haría el mismo oficio y limosna que en el caso anterior.

[141] HERNÁNDEZ RODRÍGUEZ, G.: *Estadística de las Islas Canarias, 1793-1806, de Francisco Escolar y Serrano*, Caja Insular de Ahorros de Gran canaria, Lanzarote y Fuerteventura, 1984, T. III, p. 22.

- Cada año se nombraría un mayordomo para que llevara las cuentas, las hachas, las entradas, limosnas y multas. Acabado el año rendiría las cuentas.
- Si algún hermano caía enfermo, los demás lo visitarían, consolarían y ayudarían en lo que cada una pudiera. El hermano mayor debía nombrar a dos de los que vivieran más cercanos y en nombre de los demás debían visitarlo.
- Si se llevaba la comunión a cualquier enfermo, debían acudir a su casa acompañando a su Majestad, aunque esto dependería del tiempo, del paraje, de la distancia, de los caminos, pero si se trataba de un hermano los demás debían estar más predispuestos a acudir y acompañar al Señor.
- En el caso de que algún hermano cayese en pobreza y no asistiera personalmente a sus obligaciones, debería avisar a la hermandad, y sería tenido como hermano hasta su muerte, con los mismos sufragios. En el caso de que el impedimento no fuera verdadero se le aplicarían las órdenes para los negligentes.
- Si algún hermano enfermaba y los que le visitaran advirtieran que pasaba necesidades *"como suele pasar algunas veces al año, ...algunos caen enfermos por hambre y poco remedio"*, se les socorrería con 4 reales, y después cuando se juntasen los hermanos cada uno ayudaría con lo que pudiera.
- Si un hermano muriera en la pobreza, la hermandad se ocuparía de su entierro y de los oficios.
- Los hermanos debían confesar y comulgar 3 veces al año, al menos, una en Semana Santa o Pascua, y las otras dos en el resto del año. Si faltaren a esta obligación se les reprendería en presencia de la hermandad
- Se recomendaba que los hermanos no fueran jugadores, mal hablados, chocorreros, descorteces, vengativos, que no hicieran escándalo en la vecindad, y que los que faltasen fueran reprendidos y si era necesario multados por el hermano mayor. En la Iglesia debían estar con devoción, etc.
- Si hubiera alguna riña a causa de querellas entre algún hermano, el mayordomo debía procurar componerlos, y si no podía debía dar cuenta al párroco para que ajustase las diferencias, en caso contrario se les impondrían las multas correspondientes[142].

---

[142] Firmaron estos estatutos el párroco Luis Herrera Cruz, y los vecinos José Domínguez Villareal, Francisco Fuentes, Domingo Frías, Pedro Frías, Francisco Antonio Fuentes, Bartolomé Agustín Sarabia, Agustín González, Lorenzo Frías, Ángel Frías, haciendo de

En principio se preveía la aportación de 4 reales y, posteriormente, dependería de los medios económicos de que dispusiese cada uno. La cuota de ingreso de nuevos miembros y, según cuentas rendidas en 1804, ascendía a 20 reales, reduciéndose ésta en el caso de ingreso de hijos de hermanos a la cantidad de 12 reales[143].

El 16 de julio de 1809 se reunió la hermandad y se eligió a los empleos de ese año, en concreto:

Hermano mayor: José García de la Cruz (hasta 3 años), debiendo cumplir antes esta obligación Juan Bello Marrero y Antonio Esteban González.
Hermano del cajón: Agustín de León
Coadjutor: Patricio García Linares
Hermano de cofradía: Agustín García Linares
Coadjutor en el Valle del Ahijadero: Juan Antonio Afonso
Celadores: Antonio Domínguez Montesino y Antonio Sierra.

En 1810 el más votado como hermano mayor fue Francisco Miguel Fuentes, proceso electivo que se siguió realizando en los siguientes años[144].

En 1824 la hermandad con Antonio Sierra al frente, y en unión del cura José Vignoli, trataba sobre la pobreza de algunos miembros y sobre cómo la escasez de los tiempos hacía sus efectos en el costo de la cera, por lo que se establece el plan a seguir para las luces del Corpus. Empezaban a ser malos tiempos para el cumplimiento de las obligaciones de la hermandad, pues en 1834 el hermano mayor Francisco González Sarabia recordaba la obligación de verificar la celebración anual del Santísimo Sacramento[145].

La cofradía del Santísimo Sacramento tenía obligación de presentar sus cuentas anuales, encontrando con frecuencia balances deficitarios. Por ejemplo, las cuentas presentadas en abril de 1800, sobre todo referidas a la cera,

notario público Blas Alayón: Estatutos de la hermandad del Santísimo Sacramento de San Antonio Abad en Arona, A.P.A.

143 PÉREZ BARRIOS, C.R.: *Noticias históricas acerca de la vida religiosa en Arona (S. XVI-XIX)*, Ayuntamiento de Arona, 1987, pp. 65-66.

144 Agustín de León en 1811, Francisco García Linares en 1812, Juan Reverón en 1813, Cristóbal Alayón 1814, Juan Agustín Rivero en 1815, Blas Alayón en 1815 es comisionado para cuidar de las negligencias, Diego Delgado fue elegido hermano mayor en 1816, en 1817, Nicolás Antonio García, 1816 Antonio Rodríguez Sierra, Lorenzo Antonio Sierra en 1820, Francisco Hernández Delgado en 1821, Domingo Frías Bello en 1824 y José Domínguez, en 1830 Francisco González Brito, en 1831 Francisco González Sarabia, Blas Alayón en 1835, etcétera: Actas de la hermandad del Santísimo Sacramento de la Iglesia de San Antonio Abad, A.P.A.

145 Acuerdos de la hermandad del Santísimo Sacramento de la Iglesia de San Antonio Abad, 18-4-1824, 15-6-1834, A.P.A.

así lo reflejan. Entre las entradas se relacionaba media libra de cera que el cuentandante debía a la cofradía, la cera ofrecida por el pueblo, la donada por un devoto y la que dio Pedro Frías. También figuraba lo pagado por María Sarabía por su cuota como hermana, lo que junto al alquiler de cera en la octava del Corpus hacía 65 reales 14 mrv. Los gastos recogían distintas partidas, por ejemplo, la cera que importaban los 16 candelones que se pusieron para el monumento, lo puesto el día de Corpus, por el incienso, más 20 reales que debía la cofradía al curato por el oficio aniversario de la hermandad, importando todo 95 reales 11 mrv. Por tanto resultaba un déficit superior a 30 reales.

En 1804, en las cuentas ofrecidas por el párroco Luis Cabeza Viera, figuran en las entradas limosnas consistentes en costales de papas, media fanega de lenteja, trigo, libras de cera, donaciones de devotos. En los gastos se relaciona la cera comprada a Juana Sierra en el Valle, 12 pesos que costaron 2 candelas de plata, de hechura francesa, para cera junto al Santísimo Sacramento, corporales, la composición del farol del viatico, unos tablones de cedro para el nuevo tabernáculo, incienso, etc. Quedaba alcanzada la cofradía en 18 pesos corrientes 2 reales y 14 cuartos. No obstante, posteriormente se descontaron 12 pesos corrientes por los candeleros cargados, pues los había donado un devoto, por tanto, el alcance ascendería solo a 10 pesos y 11 cuartos[146].

Pero el mayordomo que había sido de la hermandad o cofradía, Juan Francisco de las Nieves, desde el 26 de mayo de 1796 hasta 1800, presenta sus cuentas al Visitador General del Obispado el 3 de agosto de 1804. La data ascendía a 96 pesos 5 reales y los conceptos eran por limosnas y cera. En la data figuran en una sola partida 107 pesos y 7 y medio reales por cera comprada a distintos precios, el pago al cura por las octavas del Corpus y un oficio, lo que hacía un total de 112 pesos y 4 reales. Quedó alcanzada la cofradía en 15 pesos y 7 reales de plata, mandando el Visitador Antonio Cabrera Ayala se le abonase la citada cantidad al mayordomo.

Aclara el mayordomo que lo que había sacado de limosna en los años 1802 y 1803 (29 pesos corrientes y 2 reales de plata) lo había entregado al cura Luis Cabeza Viera, con 17 almudes y medio de trigo, 8 y medio costales de papas y 6 costales de papas (14 costales y medio de papas) y 2 libras y media de cera[147].

En 1835 el Visitador aprobaba las cuentas rendidas por Blas de Alayón, quien debía pagar 246 reales y 2 mrv., más 46 libras y 5 onzas de cera. Le

[146] Cuentas del párroco Luis Cabeza Viera en la Iglesia de San Antonio Abad de Arona, A.P.A.
[147] Cuentas de la cofradía del Santísimo Sacramento en la Iglesia de San Antonio Abad de Arona, 3-8-1804, A.P.A.

agradecía la exactitud, la piedad y el celo con el que había manejado la administración de la cofradía, en que continuaba[148].

Es evidente que las hermandades y cofradías sufrieron en el siglo XIX un proceso de decadencia, no solo porque las leyes desamortizadoras pudieron afectarlas, sino porque pierden funcionalidad al prohibirse los enterramientos dentro de las iglesias, pues ello suponía la pérdida de su más importante fuente de ingresos. Pero, además, es evidente que la legislación liberal había obrado en contra de estas asociaciones, recordemos como el Regente, el General progresista Baldomero Espartero, con fecha 18 de noviembre de 1841 había ordenado el cese de todas las cofradías u otra asociación religiosa que no hubiera obtenido autorización del Gobierno, y la R.O. de 8 de febrero de 1842 suprimía las cofradías que los dirigentes diocesanos considerasen inútiles. A partir de la Constitución de 1845 y con el acercamiento de los liberales moderados a la Iglesia, se inicia una intensa labor que pretendía controlar y someter las hermandades y congregaciones religiosas al Estado. El R.D. de 17 de abril de 1854 obligaba a los Obispos a remitir al Ministerio información sobre las cofradías o hermandades erigidas sin la autorización competente, a fin de proceder a su disolución, y la R.O. de 23 de noviembre de 1854 definía los mecanismos para impedir la creación de asociaciones que no hubiesen sido aprobadas por la Corona[149].

En este contexto, el párroco de Arona emitió un informe en el que afirmaba que no existía ninguna congregación piadosa con cédula real de aprobación, como prevenía la R.O. de 23 de noviembre último, comunicada el 24 de marzo de 1855, y afirma que desde la creación de la parroquia solo se había reunido un corto número de fieles, que se obligaron a contribuir voluntariamente a sostener el culto, ofreciendo a su expensas comprar cada uno un hacha con la que asistían a las funciones, y que cada uno contribuía con 1 real y 30 maravedís de vellón para el alumbrado del altar mayor en dichas funciones, sin ninguna otra condición. En resumen, que la asistencia a los referidos actos y a los fallecimientos de cada devoto era lo que hacían los 30 miembros que componían la denominada hermandad del Santísimo. Por tanto, pese a la documentación existente en la parroquia, el párroco considera que no existía

[148] Cuenta rendida por el mayordomo de la cofradía del Santísimo Sacramento, 10-10-1835, Libro de la Cofradía del Santísimo Sacramento de la Iglesia de San Antonio Abad de Arona, A.P.A.

[149] FERNÁNDEZ PARADAS, A.R., FERNÁNDEZ PARADAS, M.: "El registro de entidades religiosas de 1887 y sus aplicaciones prácticas. La Hermandad de Nuestra Señora del Consuelo de Antequera y la búsqueda de su personalidad jurídica", *Baetica. Estudios de Arte, Geografía e Historia*, nº 33, 2011, pp. 417-418.

ninguna cofradía, calificando la asociación de simples voluntarios que asistían a las funciones y a los entierros[150].

En 1867 se reconocía por parte del Gobierno la necesidad de determinar las bases generales para la organización de asociaciones religiosas, y habrá que esperar al Sexenio Revolucionario para que se recoja el derecho de los ciudadanos a constituir asociaciones públicas, estableciendo la Constitución de 1869 los derechos de reunión y asociación para cualquier fin, siempre que no fuera contraria a la moral pública. Ya en 1875 se fijaron las normas a las que debía ajustarse el derecho de reunión y asociación, pero fruto del conservadurismo de los nuevos tiempos se prohibían las políticas y se autorizaban las religiosas[151].

La hermandad del Santísimo Sacramento aprobaba nuevos estatutos en 1877. Las dignidades serían elegidas cada tres años por mayoría de votos, y éstas serían las de hermano mayor, tesorero, mayordomo, secretario y dos consejeros. Estos cargos formarían la junta, presidida por el cura del lugar, y serían los encargados de llevar el palio, el guion y el estandarte. El hermano mayor cuidaría que los socios cumplieran sus oficios, asistieran a la Iglesia en los días señalados y de que pagasen la cuota. El tesorero sería el encargado de guardar las llaves del cajón y responder de los fondos, de exigir a cada hermano por el ingreso 20 r.v. a principio de año, una libra de cera para el hacha y en la fiesta del Corpus 6 r.v. para las octavas, de los cuales se destinaban 4 a los ministros y 2 a cera. El mayordomo se ocuparía del Señor de la Salud, guardando las llaves del cajón de las limosnas y, de acuerdo con el párroco y los proveedores, dispondría lo necesario para la fiesta. El Secretario llevaría el libro de la hermandad, y en unión del tesorero y mayordomo levantaría cada año, pasada la fiesta del Cristo de la Salud, las cuentas, dando conocimiento de ellas a la hermandad y sometiéndolas a su aprobación. La función de los consejeros sería la de ocuparse de las personas que solicitasen ingresar, haciendo las advertencias oportunas.

Los hermanos vestirían de negro, con decencia, llevando por insignia un pequeño crucifijo pendiendo del cuello con una cinta encarnada. Los días de asistencia obligatoria serían el Corpus, con sus octavas, el día del Sagrado Corazón, el Domingo de Ramos, el Jueves, Viernes, Sábado y Domingo Santo, en las fiestas del patrono, del Santísimo Cristo de la Salud y de la Virgen del Rosario, y los domingos terceros.

[150] Estatutos de la hermandad del Santísimo Sacramento, Iglesia de San Antonio Abad de Arona, A.P.A.

[151] FERNÁNDEZ PARADAS, A.R., FERNÁNDEZ PARADAS, M.: "El registro de entidades religiosas..., p. 418.

Los hermanos debían tener mucha devoción al Sagrado Corazón de Jesucristo, y cada día rezarían en su honor las oraciones del Padrenuestro, Avemaría y Credo con la jaculatoria "Corazón de mi amado Salvador, haz que arda y siempre crezca en mi tu amor", y recibirían los sacramentos dos veces al año, el Jueves Santo y el día del Sagrado Corazón.

En enfermedad de un hermano los demás procurarían visitarle, y si se agravase aconsejarle que recibiera al Santísimo, a quien acompañarían con el palio todos los que pudieran. Si muriese tendrían obligación de asistir al entierro y a un oficio que costearía la hermandad, si fuese pobre con la limosna de 45 r.v. el día trigésimo después de la muerte. Cada hermano tendría además la obligación de rezar por el difunto una parte del Rosario en tres días consecutivos. Si el difunto fuera pobre no se le exigirían derechos por el entierro, y la Cruz le acompañaría hasta el Cementerio, fórmula que se emplearía en toda defunción de hermanos.

Las esposas de los hermanos serían consideradas como hermanas en lo que respecta a su entierro, y la corporación tendría la obligación de asistir, contribuyendo las esposas a esta obra de misericordia con una comunión por el descanso eterno del hermano que muriere y rezando tres partes del rosario. Si incumplieran con esta obligación perderían el derecho a que la hermandad acompañase sus cadáveres en su muerte.

El 16 de julio de 1877 se reunieron los hermanos en la Iglesia y presididos por el cura se hicieron los nombramientos de las 6 dignidades que debían constituir la junta, recayendo la elección máxima en las siguientes personas: Juan Sierra Mena hermano mayor; José Pérez Hernández tesorero; Graciliano Sarabia, mayordomo; Antonio Villarreal Frías, secretario; consejeros serían Domingo Sierra Mena y Antonio García Lemus. En el mismo acto se admitió como hermanos a José de Frías Encinoso, José Villarreal Sierra, Rafael Villarreal, Juan Mena, Joaquín Delgado, Benigno Villarreal, Pedro Villarreal, Ezequiel Rodríguez, Carlos de Armas, Francisco Mena, José Castro Alfonso, José Alfonso, Ramón Fraga, Julián de Mesa y Manuel Verde y León.

En el mismo día se reunieron de nuevo los hermanos en la sacristía de la parroquia, y prevenidos por el cura Antonio Verde y León, acordaron admitir en la hermandad solo a personas de estado de probada honradez, y en su consecuencia quedan formando parte de la junta solo los individuos siguientes: el párroco, que asume el cargo de tesorero; Juan Sierra Mena, que sería el hermano mayor; Graciliano Sarabia se convierte en mayordomo; Domingo Sierra Mena acepta ser el secretario y Ezequiel Rodríguez asume el cargo de consejero[152]. Por tanto, fueron excluidos José Pérez Hernández, Antonio Villarreal Frías y Antonio García Lemus, siendo el nombrado secretario uno de los nuevos incorporados.

Cada uno de los hermanos de cofradías debía tener su hábito, pues en el testamento dictado por Francisco González Brito y su mujer María Lemus Hernández (1837), residentes en La Hondura, creyendo próxima la muerte manifiestan *"...teméndonos de la muerte que es natural y precisa a toda criatura humana y lo incierto de su hora"*, encomiendan su alma a Dios *"que la formó de la nada y mandamos el cuerpo a la tierra de que fue creado para que a ella sea reducido"*, y disponen que se les amortajara, a él con la túnica del Santísimo Sacramento, por ser hermano, y a ella con una sábana blanca[153].

Como quiera que el Visitador pastoral en 1835 manifestaba que la hermandad de la Misericordia no se había creado, pero sí otra denominada de Las Ánimas, debemos presuponer que a raíz de la donación del cuadro de Ánimas, la hermandad de la Misericordia pasara a ser conocida como de Las Ánimas, aunque tampoco podemos descartar que fuera fruto de las turbulencias políticas en estos años, pues en 1823 –Trienio Liberal– por disposición del Alcalde cesó la celebración de la función de la citada hermandad, es decir, de la Cruz, estableciéndose para sustituirla otra festividad, relacionada con el 2 de mayo de 1808 y con la Constitución de 1812, es decir, con el movimiento revolucionario que pretendía la expulsión de los franceses de territorio nacional y derribar los pilares del Antiguo Régimen[154].

Según los testamentos estudiados, las mortajas más utilizadas eran las de los hábitos de San Francisco y San Agustín, pero muchos optaban por la mortaja blanca, como signo de pureza de la Virgen María, como manifiesta en 1797 Juan de la Cruz, y los vecinos del Valle José Antonio Gabriel y su mujer Catalina García. Otros eligen otros tipos de mortaja, por ejemplo, Margarita Buenaventura Bethencourt y Alayón dispuso que se le enterrara con una saya negra de pelo que tenía para ello[155].

Lo habitual era que la casa del difunto sirviera como casa mortuoria, pero en algunos casos el velatorio se hacía en la misma Iglesia, así se desprende

---

152 Estatutos de la hermandad del Santísimo Sacramento de la Iglesia de San Antonio Abad de Arona, 16-6-1878, A.P.A.

153 Entre las mandas podemos citar los 20 pesos para el funeral de cada uno (10 para el entierro y 10 para misas rezadas), más 24 reales de vellón y 3 reales de vellón para la conservación de los Santos Lugares de Jerusalén y demás mandas forzosas, incluso la del monte pío de viudas: DÍAZ FRÍAS, N.: *Testamentos aroneros (Siglo XIX)...*, pp. 553-554.

154 PÉREZ BARRIOS, C.R.: *Arona. Un recorrido por su...*, p. 203.

155 DÍAZ FRÍAS, N.: *Testamentos aroneros (Siglo XIX)...*, pp. 104, 158, 321.

del testamento de Francisca Rodríguez Sierra en el Valle del Ahijadero, pues dispone que su cuerpo fuera sepultado en la Iglesia de San Antonio con una mortaja blanca, y que le acompañara el párroco con capa y Cruz alta, con tres pausas, pero si por no tener casa propia llevaran su cuerpo a la Iglesia, entonces no se le debía hacer ninguna pausa. Sí señala 4 libras de cera para que ardieran en cada función religiosa *"por no alcanzar la cortedad de sus bienes a más cantidad"*. Pese a sus limitados recursos dispone que se le dijeran 30 misas rezadas, 10 de ellas en la Iglesia donde la enterraran, otras tantas en la capilla del Rosario de la Iglesia de San Pedro, y las 10 restantes en la Ermita de San Lorenzo a cargo del fray Agustín de León[156], lo que evidencia el peso que seguía teniendo la Iglesia de San Pedro en la tradición funeraria, pero también el aprecio hacia la antigua Ermita del Ahijadero.

Entre los que decidieron cambiar el lugar de enterramiento y, por tanto, las disposiciones de tipo espiritual encontramos a Josefa Rodríguez, que había testado en 1771, pero que modifica sus mandas para ser enterrada en la nueva Iglesia de Arona. En lugar del Beneficiado le debía acompañar el cura de la parroquia, con capa y Cruz alta. Se le realizarían tres pausas en la calle, con acompañamiento de los hermanos de la Santa Misericordia y del Santísimo Sacramento. En los oficios mandaba se le dijera la misa del alma, y los tres oficios de siempre (cuerpo presente, honras y cabo de año), pagándose 6 libras de cera, luces que deberían arder juntas. Los costos serían cubiertos con sus bienes, en concreto con los más vendibles. De limosna señalaba un real de plata para la cofradía del Santísimo Sacramento, otro para la de la Santa Misericordia y otro real para las mandas forzosas. Dos de las misas deberían oficiarse de forma perpetua en el altar de San Antonio Abad y la Virgen del Rosario, con una limosna de 3 reales por cada una, sustentándose estas obligaciones en sus bienes raíces y muebles. Otra misa que había dispuesto en anterior testamento, debía oficiarse también en Arona a la Virgen del Rosario, para que intercediera por su alma y por la de sus difuntos. Para garantizar la perpetuidad anual manda que las citadas misas se anotasen en el cuadrante de dicha Iglesia.

María Domínguez modificó también su testamento, a fin de ser enterrada en Arona y no en Vilaflor. El párroco debía realizar las funciones habituales *"sin que dicho Beneficiado tenga que intervenir en orden a mi entierro y funciones"*. Mandaba se le sepultara ante el altar de San Antonio y de la Virgen del Rosario, corriendo las 20 misas que había señalado a cargo del párroco, no del Beneficiado. Dado que la distancia de Chasna no permitía el acompañamiento de la comunidad agustina, dispone que ese dinero se empleara en misas por su alma.

[156] Ibídem, pp. 231-232.

Las limosnas que había previsto para las hermandades de Vilaflor se aplicarían a las de Arona: Cofradía del Santísimo y a la de las Ánimas Benditas[157].

Manuela de Jesús Reverón, residente en el Valle, dispuso en 1797 ser enterrada en la Iglesia de San Antonio Abad con el hábito de San Francisco. Ordenaba le acompañara el párroco con capa y con Cruz alta, realizando tres paradas en la calle. Además de señalar las ofrendas y las limosnas para sufragar la misa del alma, mandaba se le dijeran las misas de San Gregorio (30 misas rezadas que debían decirse sin interrupción para que hicieran efecto)[158], y debían ser oficiadas por fray Agustín de León, otras 10 las rezaría fray Correa y otras tantas estarían a cargo del párroco, tanto por su alma como por la de sus padres. Para el funeral y misas dejaba 50 pesos corrientes, con aclaración de que una vez dichas las 3 misas regulares del entierro, lo sobrante se aplicara en misas.

Del testamento de María González Trujillo destacamos su preocupación por la salvación eterna, pues encarga las 30 misas de San Gregorio y 120 más, incluidas las 12 del año de fallecimiento. El párroco oficiaría las que pudiera y el resto serían acordadas entre los albaceas y los sacerdotes que más rápido pudieran rezarlas. Aunque en testamento anterior había dispuesto que se colocaran en su sepultura dos velas de media libra cada una, ahora entiende que éstas serían una incomodidad para el vecindario, por lo que manda que las dos libras de cera que se gastaban los domingos del año, se redujeran a que en el espacio de seis meses se mandasen a decir 6 misas más de las que había señalado, una en cada uno de los 6 meses.

La cortedad de los bienes de Agustín González del Pino, vecino del Valle del Ahijadero, se aprecia cuando manifiesta, en 1800, que se le enterrara donde el párroco dijera, por no tener sepultura propia, y que se le amortajara con una sábana blanca como señal de pureza, por su devoción a la Virgen y porque así lo requería su situación económica. Su esfuerzo económico lo destina a las misas por su alma, pues consigna 12 pesos corrientes para el funeral, 9 para misas por su alma, más otras 40 que se pagarían de sus bienes: 20 a la Virgen del Rosario y a la Virgen de la Encarnación, 10 misas a Nuestra Señora del Buen Suceso, rezadas por el párroco de San Miguel y 10 a la Virgen de Gracia a cargo del prior del Convento de Vilaflor.

Josefa de Frías, en 1804, manifestaba su voluntad de ser enterrada en uno de los sepulcros destinados a la hermandad del Santísimo Sacramento, en Arona, y reparte las misas entre varios establecimientos religiosos, en con-

[157] Ibídem, pp. 57, 75.
[158] BETHENCOURT ALFONSO, J.: *Costumbres populares Canarias de Nacimientos...*, p. 274.

creto reservaba la cuarta parte para el curato, pero el resto lo reparte entre los religiosos agustinos de Vilaflor y los franciscanos de Granadilla.

De interés resulta el testamento de José Martín Lemus y su mujer María Hernández, en 1805, pues además de declarar que querían ser amortajadas con el hábito de San Francisco, que se les hicieran dos pausas en la calle, y que les acompañara el cura, con capa y Cruz alta, y la Santa Misericordia, debían portar sus cuerpos cuatro pobres, de los más mendigos que hubiera en el pueblo, y por ello se les pagarían dos reales de plata a cada uno. Esta manda enlaza con las prácticas más elitistas, pues al tiempo de magnificar el boato del sepelio se hacía caridad con los pobres, mérito para la futura salvación del alma.

Uno de los entierros que debió celebrarse con gran ostentación fue el de Agustina Pérez de Ponte (Aponte), vecina de Arona, pues, a diferencia de lo acostumbrado, mandó se le enterrara con sus enaguas y su manto negro. En el funeral debía ser acompañada por el párroco, con capa y Cruz alta, por el sacristán mayor, con 5 pausas por la calle desde la casa donde estuviera su cuerpo hasta la Iglesia. A su criado, José de Torres, le dejaba una caja de cedro grande, dos colchas y otros bienes muebles, con el compromiso de que mandara decir 80 misas en el plazo de dos años. También a su criada, María Reyes, le dejaba algunos bienes muebles por valor de 12 pesos para que los invirtiera en misas por su alma, pero por si no los quisieran, mandaba que los albaceas los vendieran y lo invirtieran en misas[159].

La pompa acompañó también el entierro de una acomodada vecina: María de la Presentación Acevedo y Castillo, quien en su testamento (1821) dispuso ser inhumada al pie del altar de San Agustín, recordemos que en 1819 se había colocado una imagen de San Agustín, en un lienzo que se describía como *"pintado decentemente"*, con un retablo proporcionado a él, y que había sido donado, junto a otros elementos litúrgicos por la testadora, altar que en 1862 era inventariado como un pequeño altar que contenía en el nicho un cuadrito pintado de San Agustín[160]. En el funeral debían acompañarla el párroco, los capellanes y demás religiosos que estuvieran en ese momento en el pueblo. Muestra del boato, como vimos en otro caso anterior, es su decisión de ser acompañada por 12 pobres con hachas, a quienes se les darían de limosna 2 reales de plata, a cada uno, en ese mismo día. Para asegurarse la salvación dispuso que sus albaceas tomasen cada año 5 bulas de difuntos, la primera a su nombre, la segunda para su padre, la tercera para su madre, la cuarta para

[159] DÍAZ FRÍAS, N.: *Testamentos aroneros (Siglo XIX)...*, pp. 93-94, 121-122, 149-150, 208, 217, 309.

[160] PÉREZ BARRIOS, C.R.: "Patrimonio religiosos en Arona...; *Arona, un recorrido por su...*, p. 219.

doña Beatriz Soler y Castilla y la quinta para su tío Ignacio Álvarez de la Cruz, muestra de su ilustre ascendencia. Declaraba también ser hermana del Santísimo Cristo de Tacoronte, en donde había puesto hacha y pagado entrada. Ordena que después de su muerte se diera el hábito a dicha hermandad, para que se le aplicasen los sufragios que solían hacerse a los hermanos difuntos[161].

Isabel Antonia González Bethencourt y García de Acevedo, residía en la casona de Altavista, y formaba parte de la oligarquía local, no en vano era sobrina del presbítero Diego García de Acevedo[162]. Testó 1821, y manifestó su voluntad de ser enterrada en la Iglesia de San Antonio Abad, dejando 40 pesos para gastos. Quería se le realizaran 5 pausas en la calle, que la misa del alma se la oficiara el párroco del lugar, que se le hicieran las tres funciones acostumbradas (entierro, honras y cabo de año), dejando 12 libras de cera, que debían ponerse en cada función, gastándose el resto en misas rezadas por su alma, que entrarían en los 100 oficios que quería se hicieran por su alma, por las de sus padres y por la de su tío el presbítero Diego García de Acevedo. De las 100 misas señaladas se le aplicaría una cada domingo, durante un año, después de su fallecimiento. El párroco tendría obligación de ponerle dos candelones de una libra, que sacaría de las 12 que dejaba señaladas para el funeral, que arderían sobre su sepultura esos domingos. Si el día de su entierro, honras y cabo de año, estuviera en Arona algún sacerdote más, debía celebrar misa por su alma, y entraría en las 100 que dejaba señaladas, con una limosna de 2 reales de plata para cada una.

Con esta familia enlazó otra de las más significadas en la Historia de Arona, la de los Sarabia, que arranca con el matrimonio del escribano de las bandas de Chasna José Perera Sarabia y María Matías Borges y Quijada, miembro de una acomodada familia chasnera, que llegó a enlazar con los titulares del mayorazgo de los Soler. Miembros destacados de la familia fueron Bartolomé Agustín Sarabia, primer Alcalde de Arona, o el clérigo Juan Antonio Fernández Sarabia. Algunos de los testamentos de la familia nos muestran el bienestar que habían tenido, aunque se adviertan signos de declive. Este podría ser el caso de Lucía Sarabia, avecindada en el Valle, pero aunque se califica de pobre, a tenor de los bienes que heredó de sus padres, los comprados durante su matrimonio, los recibidos de América a la muerte de su marido, y vista la relación de alhajas, la posesión de esclavos y de unas tierras llamadas El Cercado de El Ancón, vinculadas por sus padres a favor de ella y de su hermana Marta, podemos considerar que gozaba aún en 1799 de acomodo,

[161] DÍAZ FRÍAS, N.: *Testamentos aroneros (Siglo XIX)...*, pp. 380-381.
[162] Ver DÍAZ FRÍAS, N.: *El presbítero Diego García de Acevedo (1713-1769). Un desconocido religioso en la historia de Adeje y de Chasna*, LeCanarien ediciones, 2020.

independientemente de que hubiese mermado su fortuna (deudas, enfermedades,...). En las cláusulas espirituales dispuso que se le enterrara en la iglesia donde estuviera residiendo, con el hábito de San Francisco. La ceremonia fúnebre se realizaría con 3 pausas, se le haría la misa de cuerpo presente, más las de San Gregorio, señalando también para los funerales 10 libras de cera.

Comparte Domingo Estrada de la Guerra, marido de María de las Mercedes Sarabia, la veneración a San Francisco, de ahí que disponga ser enterrado con su hábito, en una de las tumbas de la hermandad del Santísimo Sacramento, con tres pausas por la calle, llevando el párroco capa y Cruz alta. En el caso de que hubiera algún sacerdote más en el pueblo, mandaba le acompañara, y encarga un total de 100 misas rezadas al párroco del lugar (fray Luis Cruz), pagándose de limosna 2 reales de plata por cada una.

José Bernardo Rivero y María Prudenciana Domínguez Sarabia testaron en el Valle de San Lorenzo en 1812, y dispusieron respecto a sus funerales que les amortajaran con el hábito de San Francisco, que le acompañaran el párroco con capa y Cruz alta y el sacristán mayor, que se realizaran dos pausas por la calle, dejando 3 libras de cera para que se encendieran en sus entierros. A su sobrino Francisco Antonio González le dejan la herencia con la condición de una misa de 3 reales de vellón a la Virgen del Rosario por el alma de los dos.

Francisca González Bethencourt, sobrina del presbítero Diego García de Acevedo y viuda de José Antonio Sarabia, testó en Altavista en 1837, pero salvo la disposición de ser enterrada en la Iglesia de San Antonio no señala nada más. En el mismo año testó María Candelaria Sarabia, viuda de Pedro Bethencourt, pero a pesar de pertenecer a una destacada familia –era hija del Bartolomé Agustín Sarabia, primer Alcalde real de Arona, y de Beatriz Domínguez–, las mandas fúnebres son mínimas, pues se limita a decir que se le entierre con una túnica negra en la parroquia de San Antonio Abad. Y es que la fortuna es caprichosa, sobre todo en unas tierras áridas, con frecuentes sequías y azotadas periódicamente por plagas de langosta. De hecho la testadora declara que fue vendiendo sus bienes para mantenerse y vestirse con la decencia de su crianza, en algunos años calamitosos *"que aquí se ven con frecuencia"*, por lo que ya no era dueña de propiedad de ninguna clase, poniendo sus esperanzas en una herencia de Venezuela. Escueto es el testamento de Antonia María de Regla González Alonso Sarabia, reduciéndose a señalar en las cláusulas espirituales su deseo de ser enterrada en la Iglesia de San Antonio. Lorenzo de Frías y María Agustina Sarabia, también vecinos de Arona, manifestaron en 1842 su voluntad de ser enterrados en el Cementerio de la iglesia parroquial, con los oficios correspondientes por la cantidad de 6 pesos corrientes para cada uno. Años más tarde, en 1860, María Sarabia dejaba diez pesos corrientes para la función fúnebre que se le hiciera a su muerte, 3 pesos para un oficio menor al siguiente día de la muerte y otros 10 se destinarían a misas, a razón de 2 reales de plata cada una, sufragios que se realizarían por las almas de su difunto marido y de sus hijos. A las mandas forzosas les lega 20 reales de vellón, que se pagarían de una sola vez.

El templo de San Antonio Abad precisaba inversiones, y éstas podían contribuir a la salvación eterna del donante, de ahí que ese espíritu impregne algunos testamentos, por ejemplo, María Matías de Fuentes, en 1823, manifestaba su deseo de que en su entierro se pagasen 7 ducados a la Iglesia, con el fin de que se destinasen a las necesidades del templo, dos reales de plata los destina al Santísimo y uno al Cristo de la Salud, dedicando el resto a misas por su alma. Este sentimiento religioso impulsará, en 1848, a María de la O Afonso Montesdeoca a legar por vía testamentaria un aderezo de oro a la Virgen del Rosario, mostrando su voluntad –en caso de recibir un dinero que esperaba le enviaran desde Puerto Rico– de comprarle unas enaguas de buena tela y una banda para dotarla de mayor decencia.

Como hemos visto páginas atrás, la creación de capellanías había sido una forma de garantizarse servicios religiosos para la salvación del alma de forma perpetua, y aunque en el siglo XIX estas fundaciones estaban en declive, encontramos referencias a ellas en los testamentos. Así, Bernarda de las Nieves Trujillo, pese a lo limitado de sus bienes, manifiesta especial interés en transmitir a su hija Mónica Trujillo una capellanía que ella disfrutaba, y que había fundado su abuelo Nicolás Rodríguez al imponer una misa rezada perpetua, con una limosna anual de 3 reales de vellón antiguos a pagar al Beneficiado de Vilaflor, obligación que estaba asegurada en un pedazo de tierra y árboles en La Tosca (Valle de San Lorenzo).

Modestas fueron las disposiciones dictadas en 1806 por Pedro González Brito, vecino de Túnez, pues además de ser enterrado en la Iglesia de San Antonio pedía se le hiciera un entierro con *"toda la decencia posible"*, con solo una función, invirtiéndose todo lo demás (35 pesos) en misas oficiadas por el párroco o por quién él determinara.

Si la creación de la Iglesia de Arona (1796) motivó el cambio de mandas por parte de los vecinos, los avatares políticos del XIX van a provocar también algunas transformaciones. Pensemos en lo que significaron las leyes de desamortización, especialmente la que afectó a las órdenes regulares, pues supuso la desaparición de muchos de los establecimientos religiosos, y en Vilaflor se suprimió el Convento agustino. Esta tendencia legisladora explica, por ejemplo, que en 1821 José Agustín Domínguez y Beatriz Domínguez Fraga revocasen algunas cláusulas de su testamento, en concreto cambiaban la capilla del Rosario de Vilaflor por la Iglesia de Arona como lugar de enterramiento, en concreto en la sepultura señaladas a los hermanos del Santísimo Sacramento, como miembros que eran de la hermandad, revocando también el que les acompañara la comunidad de agustinos de Vilaflor, pues el establecimiento ya se había extinguido, aunque realmente subsistió hasta 1835, pero seguramente sin frailes, a lo sumo se mantuvo un hermano guardián, como nos consta pasó en el Convento de Adeje.

Pese al tiempo transcurrido desde la segregación de la Iglesia de Arona de su matriz de Vilaflor, es evidente que una parte de la sociedad seguía manteniendo vínculos espirituales con la Iglesia de San Pedro, así lo confirma Lucía de Torres en 1839, en La Hondura, que manda que en su entierro se pagase al Beneficiado de la Iglesia de San Pedro, José Grillo, 5 pesos corrientes para que se los aplicara en misas por su alma, cantidad igual a la que deja al cura de Arona con el mismo fin, con un total de 30 misas[163].

A tenor de las inversiones que la Iglesia de San Antonio Abad precisó en las primeras décadas del siglo XIX, de las dificultades de algunos creyentes para hacer frente a los compromisos contraídos para su mantenimiento, y teniendo en cuenta las turbulencias políticas y económicas derivadas de la invasión napoleónica, de la implantación del liberalismo y de la emancipación de las colonias, debemos determinar que las cuentas de la parroquia no estaban muy saneadas, y así, en 1826, aunque se declaraba la existencia de varios patronatos y capellanías colativas en la jurisdicción, lo cierto es que no pertenecían a la Iglesia de San Antonio Abad, pues sus fundaciones y asignaciones eran anteriores a 1796, año de creación de la parroquia. Si tenemos en cuenta una menor inversión en la salvación del alma y el convencimiento de que lo invertido en acondicionar y adecentar el templo tendría recompensa tras la muerte, podemos deducir que la supervivencia del curato estaba en riesgo, y ello pese a existir en los archivos datos sobre la imposición de misas por testamentos, porque realmente estas obligaciones no se cumplían, dado que los bienes que garantizaban estas obligaciones tenían gravámenes anteriores, por lo que sus dueños se negaban a pagar los gastos[164].

Según una relación confeccionada por el cura párroco en 1826, y referida a los años 1805-07 y 1815-1816, el templo percibió distintas cantidades en concepto de primicias, ingresos por bautismos, casamientos, entierros, cuadrantes, funciones y fábrica parroquial, esta última en los años 1815-16:

---

[163] DÍAZ FRÍAS, N.: *Testamentos aroneros (Siglo XIX)...*, pp. 405, 139-143, 261, 299, 304, 533, 540- 541, 589, 599, 657, 458, 626, 325-326, 255, 423, 573.

[164] PÉREZ BARRIOS, C.R.: *Arona, un recorrido por su...*, p. 208.

AÑO	BAUTISMO R.PTA.	CASAMIENTOS R.PTA.	ENTIERROS R.PTA.	CUADRANTES R.PTA.	FUNCIONES R.PTA.	FÁBRICA PARROQUIAL
1805	247-17	30	790	120	180	—
1806	135	60	1.050	120	180	—
1807	165	240	525	120	180	—
1815	135	180	975	120	180	183-26
1816	127-17	120	525	120	120	840

FUENTE: Libro de cuentas parroquiales de la Iglesia de San Antonio Abad, 1805-1826, A.P. Arona.

A tenor de estos datos, es evidente que la mayor parte de los ingresos de la parroquia, exceptuando las primicias, provienen de la muerte, pues representan los entierros casi el 50% del total, que se incrementaría hasta un 60% si adicionamos las cantidades correspondientes a funciones, que presumimos se correspondan en la mayoría de los casos a misas por el alma de los difuntos.

Otra relación referida a los años 1816-1821, ofrece los siguientes datos respecto a los sacramentos:

AÑO	BAUTISMO		CASAMIENTOS		ENTIERROS	
	NÚMERO	PRODUCTO	NÚMERO	PRODUCTO	NÚMERO	PRODUCTO
1816	34	7	4	9-4	14	30-7
1817	32	6-4	5	12	16	34-6
1818	26	4.6	4	9-4	15	34-7
1819	23	4-3	6	14-6	26	49-6
1820	44	8-4	8	18-4	31	69-6
1821	28	5-2	24	60	21	68

FUENTE: Libro de cuentas parroquiales de la Iglesia de San Antonio Abad, 1816-1821, A.P. Arona.

Se observa en el cuadro que los bautizos son los más numerosos, pero no ocurre lo mismo con el producto que genera al curato, que se ve ampliamente superado por los entierros, aunque éstos representen, aproximadamente, dos tercios de los nacimientos.

La documentación nos habla de la existencia de sepulcros enlosados, como hemos puesto de manifiesto páginas atrás, pero también existió un pavimento de madera, lo que debía resultar más cómodo para la apertura de fosas, y este suelo fue sustituido a finales de la década de 1920 por un pavimento de mosaicos negros y blancos, con zócalo de cemento, *"un buen pavimento"* a criterio del Obispo Fray Albino. La madera, pese a su deterioro fue comprada por el vecino Manuel Barrios García para emplearla en su casa[165].

Aunque nos ocuparemos en otro apartado del cementerio, es evidente que su creación provocará importantes cambios en las tradiciones funerarias (sepulturas en el interior de la Iglesia, ofrendas de pan y vino, luces encendidas en los sepulcros, ...). Lorenzo de Frías y María Agustina Sarabia en 1842 manifestaban su voluntad de ser enterrados en el cementerio. El segundo testamento en el que se indica como lugar de enterramiento el cementerio es el otorgado por Domingo de Frías Bello (1843), manteniéndose el tipo de mortaja, caso de la túnica de la hermandad del Santísimo Sacramento. En 1844 María del Rosario Acevedo disponía, además de su voluntad de ser amortajada con una sábana blanca, que se le enterrara en el cementerio del Arona. Para las misas por su alma deja una caja de cedro y un almirez que se venderían con tal fin, además del producto de la mitad de la cochinilla que produjeran sus tuneras por espacio de dos años, señalando para el funeral 8 pesos. Gabriela Felipe Paladón, vecina de Túnez, mandó ser enterrada en el cementerio *"donde es costumbre"*, con acompañamiento del clero hasta dicho punto. En el camposanto de Arona mandaba en 1848 se le enterrara María de la O Afonso Montesdeoca, pero su testamento resulta de interés, no solo por la promesa que le hace a la Virgen del Rosario, sino por las 200 misas rezadas que ordena se le dijeran en el caso de recibir un dinero desde Puerto Rico[166].

El siglo XIX fue un siglo de transformaciones, y así queda claro en las disposiciones de Inés María de Candelaria Rodríguez y Estévez, en 1854, pues señala que su cadáver se amortajara como de costumbre, que lo que se gastase en su funeral lo dispusieran los albaceas, aunque especifica que quería que se le dijeran 12 misas, señalando de limosna 2 reales de plata para cada una, pero declara no legar a las mandas forzosas cosa alguna, porque las reales órdenes así lo disponían, pero si tales órdenes se derogasen antes de su fallecimiento les donaba lo acostumbrado.

Francisco Mena Paladón en 1856 dispuso ser enterrado en el cementerio, y que en la parroquia se le hicieran los oficios fúnebres, con importe no superior a 30 pesos (10 para el entierro y 20 para misas), aplicadas por el párroco Miguel Rodríguez Guillama. De limosna dejaba, por una sola vez, lo que la ley manda-

---

165 Ibídem, p. 220.

166 DÍAZ FRÍAS, N.: *Testamentos aroneros (Siglo XIX)...*, pp. 599, 604, 606-607, 621, 626.

ba, señalando para el pago unos bienes que tenía en la Montaña del Espadal, y si no fuera suficiente mandaba se recurriera a otras de sus propiedades.

Laura Nieves Frías manifiesta que quería que se le enterrase en el *"el cementerio de esta Parroquia"*, templo en el que se le debían hacer los funerales y las misas por su alma, a cuyo fin dejaba al cura una huerta situada en el caserío de Vento, lindante con el camino real, debiendo el párroco cuantificar las misas. Aquí se intuye el debate que se suscitará respecto a la titularidad del camposanto, mostrándose convencida la testadora de que pertenecía a la Iglesia, creencia que debían tener también Francisco Risco González y María Lemus Hernández, pues en su testamento manifiestan su deseo de ser enterrados en el *"cementerio de esta parroquia"*. En la parroquia se harían los oficios fúnebres, cuyo importe sería "de la primera clase" según el arancel eclesiástico. También mandaban se dijeran misas por valor de 4 pesos, a cada uno. Legaban por una sola vez la limosna que por ley estuviera mandada, todo con cargo a sus bienes, si llegado el momento no tuvieran metálico[167].

[167] Ibídem, pp. 647, 651, 663-664, 669.

LA CONSTRUCCIÓN DE CEMENTERIOS

Marco normativo que impulsa su creación

En el siglo XVIII la razón, el conocimiento y la ciencia entran en combate contra la ignorancia, la superstición, la brujería y el oscurantismo. Se toma conciencia en este siglo de que las malas condiciones de salubridad se traducían en propagación de enfermedades epidémicas. De ahí que se tratara en primer lugar de erradicar los enterramientos del interior de los templos[168]. Los higienistas se ocuparon en denunciar la insalubridad de las iglesias como lugares de enterramiento, pues el aire infectado corrompía el entorno, por ello recomendarán mantener separados los espacios de los vivos y de los muertos. Pero, paralelamente, los ilustrados intentaron mermar el ancestral poder de la Iglesia, y en este contexto se inscribirá la Real Orden dada por Carlos III, en 1787, prohibiendo el entierro de los cadáveres en el interior de los templos. Esto suponía un ataque al poder eclesiástico, sustentado en gran parte en motivos funerarios, pero la medida perseguía objetivos mucho más ambiciosos, velar por la higiene y la salud pública.

La Real Orden de Carlos III pretendía rescatar el rito funerario romano, sobre todo para aquellos lugares que hubieran experimentado epidemias, a fin de velar por la salud pública[169]. Realizar los enterramientos fuera de los núcleos de población, en recintos habilitados para ello, como ocurría ya en Europa, requería un cambio de mentalidad, no solo para hacer entender a la población que la salvación eterna no dependía de lo cerca o lejos que el cuerpo reposara respecto al Santísimo Sacramento, sino por lo irreverente que resultaban los enterramientos en los templos, tanto por la putrefacción y los

[168] BREL CACHÓN, M.P. "La construcción de cementerios y la salud pública a lo largo del siglo XIX", *Studia Zamorensia*, Segunda Etapa, T. V, 1999, p. 158.
[169] NISTAL, M.: "Legislación funeraria y cementerial española: una visión espacial", *Lurralde: inv. espac*, nº 19, 1996, pp. 29-53.

olores, como por el constante trasiego que sufría el pavimento del edificio, con levantamiento de losas, cascajos sueltos, etc.

Pero, además, la construcción de un cementerio exigía recursos, pues la R.O. preveía que su construcción se costeara con los caudales de fábrica de las iglesias, y si faltasen se debía hacer un prorrateo entre diezmos, reales tercios, excusados y fondos píos de pobres y caudales públicos, procedentes de los bienes de propios[170].

El problema de la financiación retrasará la construcción de cementerios, pues la previsión de que se pudiera compartir el gasto entre la Iglesia y los bienes de propios de los pueblos, hará que unos y otros se excusen. Brell Cachón señala que la oposición de la Iglesia a estos gastos se entendía en el estado de enfrentamiento entre el poder público y el eclesiástico, pues el Estado ordenaba una financiación a cargo de unos fondos que con sus disposiciones mermaban, recordemos los procesos de desamortización que se llevaron a cabo[171].

Si los recursos financieros faltaban en los tiempos en que se dependía de la Iglesia de San Pedro de Vilaflor, mucho más escasearán al segregarse Arona, concentrado su vecindario en sobrevivir en unas tierras azotadas por periódicas sequías, plagas y gravámenes, sin olvidar que al crearse la nueva jurisdicción eclesiástica y política el esfuerzo comunitario se dirigió a la ampliación y dotación del templo, a la construcción de la casa rectoral y, al mantenimiento de los servicios, caso de la instrucción pública.

Pero, además, los bienes de propios y comunales, en el auto de segregación de Arona de Vilaflor quedaban bajo la autoridad de este último pueblo, hasta tanto se determinase otra cosa, lo que privaba a las nuevas jurisdicciones municipales (Arona y San Miguel) de recursos públicos, de hecho lucharán a lo largo del siglo XIX por ellos, pues se sentían acreedores. Por otra parte, los bienes con los que contaba la Iglesia de San Antonio Abad y la Ermita de San Lorenzo eran muy escasos, pues aunque había otros bienes eclesiásticos, éstos pertenecían a comunidades religiosas de otros pueblos.

El 26 de abril y el 28 de junio de 1804 se publicaron circulares recordando la Real Cédula de 1787, poniendo el acento en *"la consideración del respeto y veneración debidos a la casa de Dios"*, convertidos los templos en *"depósitos de podredumbre y corrupción"* y, aunque poco alcance tuvo, sí que fue importante

[170] SANTONJA, J.L.: "La construcción de cementerios extramuros: un aspecto de la lucha contra la mortalidad en el Antiguo Régimen", *Revista de Historia Moderna*, nº 17, Universidad de Alicante, 1998-99, p. 34.
[171] BREL CACHÓN, M.P.: "La construcción de cementerios y..., p. 162.

porque establecía la morfología básica de lo que serán los cementerios españoles: diferenciación de subáreas en su interior, es decir, zonas estancas, y la obligatoriedad de rodear el recinto con un muro lo suficientemente alto para evitar la entrada de animales o personas que pudieran causar actos profanatorios, estableciéndose las siguientes condiciones:

- Debían estar fuera de poblado, en lugares ventilados y terrenos que facilitasen la degradación de la materia, y sin que pudieran entrar en contacto con capas freáticas, por el riesgo de contaminación de las aguas
- Un médico acreditado debía realizar el estudio
- El maestro de obras determinaría el presupuesto y los planos del recinto, incluyendo la cerca para evitar las profanaciones
- El área destinada a los enterramientos tenía que estar descubierta, y debía asumir las necesidades de un año, tomando la media de cinco años y calculando dos cadáveres por sepultura y un periodo de consunción de restos de tres años
- Se aprovecharían las ermitas como capillas cementeriales, y era conveniente que contaran con osario, y si era posible con habitación para capellán y sepulturero
- Se debía establecer un área para párvulos, clérigos y sepulturas privativas, permitiéndose la construcción de sepulturas de distinción

Conseguir los fondos para la construcción de los cementerios era uno de los principales problemas, sobre todo porque estaba en juego la titularidad del cementerio, hasta el punto que a pesar de que se construyeran con fondos municipales, la Iglesia asumió la titularidad a lo largo del siglo XIX, por lo que fuera de él quedaban todos los que no tuvieran derecho a sepultura en tierra consagrada, según el Derecho Canónico[172].

Tras estas iniciativas habrá que esperar al gobierno liberal, durante la Guerra de Independencia, para que por Decreto, de fecha 23 de junio de 1813, se señale que los Ayuntamientos estarían al cuidado de los cementerios, que deberían estar debidamente situados, es decir, fuera de las poblaciones. Cada tres meses debían enviar al Jefe Político información extendida por los párrocos sobre los muertos, con especificación del sexo, edades y causa de los fallecimientos[173]. La R.O. de 6 de noviembre de 1813 preveía, además, multas para los Ayuntamientos que no contasen con necrópolis, aunque éstas serán

[172] NISTAL, M.: "Legislación funeraria y cementerial española...

[173] FERNÁNDEZ HIDALGO, M.C., GARCÍA RUIPÉREZ, M.: "Los cementerios. Competencias municipales y producción documental", *Boletín de la ANABAD,* T. 44, nº 3, 1994, p. 57.

eludidas mediante la designación de cementerios provisionales, utilizando ermitas, conventos exclaustrados, etc. La creación de las parroquias de San Antonio Abad y San Miguel Arcángel, en Arona y San Miguel, respectivamente, aliviaron la saturación que sufrían los espacios de enterramiento de Vilaflor, tiempo que permitirá una progresiva aceptación y mentalización de los creyentes para utilizar un nuevo espacio de inhumación.

En el Trienio Liberal el tema vuelve a retomarse, así por decreto de 3 de febrero de 1823 se señalaba que los Ayuntamientos debían cuidar en cada pueblo por su construcción y conservación, con asesoramiento de un facultativo de medicina. Y el artículo 8 recordaba la obligación de remitir al Jefe Político noticias sobre las causas de los fallecimientos, según lo determinasen los facultativos[174]. En Canarias la Diputación provincial en 1821 dirigió escrito a los Ayuntamientos, recordándoles la R.O. de 1813, y mandando se formasen comisiones, integradas por los párrocos, síndicos y alcaldes, para la elección de lugares bien ventilados. Se intentaba nuevamente conciliar los intereses de los pueblos y las responsabilidades de las parroquias, que deberían contribuir con sus fondos a la edificación de las nuevas necrópolis[175]. La Corporación municipal aronera respondió alegando la incapacidad de la Iglesia para hacer frente a tal obra, pues el curato solo contaba para su mantenimiento con las limosnas de los fieles[176].

Una R.O. de fecha 22 de noviembre de 1828 reconocía que por esas fechas muchos de los pueblos seguían careciendo de cementerio, y lo achacaba a la dejadez de los corregidores y a los pretextos de falta de fondos. Fernando VII ordenaba que nadie se excusara de dar al comisionado del Consejo las noticias que pidiera y que se cumplieran las órdenes para llegar a establecerlos[177].

Es evidente que por estas fechas la procedencia de los fondos que sufragarían las obras estaba en la base de la resistencia a crear estos recintos, mostrándose la Iglesia renuente a su financiación en tanto sus ingresos se veían mermados –supresión de diezmos, leyes de desamortización eclesiástica, etc.– por quien les imponía esa obligación, es decir, el Gobierno. A tenor de las prerrogativas que la Administración local va a tener, no es de extrañar que terminasen siendo los Ayuntamiento los que los financiaran, recurriendo a la colaboración vecinal[178].

---

[174] Ibídem, p. 58.

[175] Oficios, reales órdenes, diligencia y acuerdos municipales, 19-3-1821, A.M. Arona.

[176] Actas municipales de Arona, 19-3-1821, A.M. Arona.

[177] FERNÁNDEZ HIDALGO, M.C., GARCÍA RUIPÉREZ, M.: "Los cementerios. Competencias municipales..., p. 58.

[178] BREL CACHÓN, M.P.: La construcción de cementerios y..., p. 162.

Tras la muerte de Fernando VII el liberalismo se impondrá definitivamente en España, debatiéndose en el Ayuntamiento de Arona las disposiciones relativas al cementerio. En la R.O. de 2 de junio de 1833 se decreta que los Intendentes, junto a los Corregidores, Alcaldes Mayores y Ayuntamientos dispusieran la utilización de los cementerios ya construidos, debiendo remitir un informe antes de un mes con los pueblos que aún no los tuvieran. Donde no existieran, su costo debía sufragarse con los fondos de las fábricas de las iglesias. Su carencia tendría que ser justificada de forma exhaustiva, a fin de poder optar a la ayuda municipal, que podría recurrir a tierras concejiles y de propios, reiterándose la Real Orden el 13 de febrero de 1834, pues *"eran bastantes los pueblos para donde por diversas causas y bajo distintos pretextos se ha paralizado la ejecución de una providencia imperiosamente reclamada por la salud pública* y *el justo respeto á los templos"*[179].

La necesidad de un cementerio se hacía urgente, no solo por la saturación y peligro que podía representar el hacer las inhumaciones en las iglesias, sino porque en Chasna también desaparecía un espacio funerario histórico, el ofrecido por el Convento de San Juan Bautista en Vilaflor, pues por R.D. de exclaustración de 25 de julio de 1835 se suprimía definitivamente los establecimientos que no tuvieran 12 profesos, de los que dos terceras partes debían ser de coro, sin olvidar que el Convento había sufrido un incendio en 1782[180], lo que pudo dificultar las inhumaciones.

El Cementerio Viejo y los proyectos de traslado

El Ayuntamiento de Arona se reunió en 1835 para deliberar sobre la Real Orden inserta en el B.O. de 9 de julio de 1834, referente a la construcción del cementerio, asunto en el que insistía el Gobernador Civil, citando como ejemplo los de Fuerteventura. El año anterior, con fecha 10 de septiembre, se había elevado por la Corporación al Gobernador un escrito relativo a los recursos, y en él se requería ayuda para acometer la obra. La Corporación, que presidía en 1835 Antonio Sarabia, da los primeros pasos encaminados a hacer realidad el camposanto. Para el seguimiento del tema se comisionó al cura-párroco Miguel Rodríguez Guillama, al Teniente Coronel Gonzalo Espínola, a José Bethencourt Medina y a José Hernández Moreno (síndico personero), eligiéndose como peritos a Juan de Mata Hernández y a Francisco de Paula Fuentes.

[179] NISTAL, M.: "Legislación funeraria y cementerial española...; FERNÁNDEZ HIDALGO, M.C., GARCÍA RUIPÉREZ, M.: "Los cementerios. Competencias municipales...
[180] *BOE*, nº 211, 29-7-1835; VIERA Y CLAVIJO, J. de: *Historia de...*, T. II, p. 776.

Según informe emitido por el párroco, las defunciones habidas en el último quinquenio habían ascendido a 125, correspondiendo 76 a adultos y 49 a niños. Con estos datos se procedió al estudio de las necesidades del pueblo, sin olvidar el previsible crecimiento demográfico y los posibles brotes epidémicos que pudieran incrementar, en un momento dado, las cifras de mortalidad, no olvidemos que en 1828 la viruela había provocado un 42% de las defunciones habidas (26 fallecidos)[181]. Se consideró que el cementerio a construir debía tener el doble de la capacidad que se requería en circunstancias normales en esos años, teniendo en cuenta también los cuatro años precisos para la putrefacción de los cadáveres. Se estimaba que el número de sepulcros debía ser de 120 para mayores y 80 para menores, los primeros de 14 pies cuadrados y los segundos de 7. La superficie necesaria se estimaba en 2.240 o 2.300 pies, en un cuadrilátero de 68 pies de largo por 34 de ancho[182]. Es decir, se estimaba necesario una superficie de aproximadamente 700 m^2, y llama la atención la alta mortalidad infantil, lo que se traduce en que el 40% de los sepulcros debían ser para menores.

Dadas las dificultades económicas que se padecían en la municipalidad, la forma de sufragar los trabajos será el repartimiento vecinal[183]. El 22 de enero de 1835 se realizó una suscripción en la que participaron voluntariamente el párroco (aporta la madera para la puerta), el Teniente Coronel del Regimiento de Abona Gonzalo Espínola, el Alcalde Antonio Sarabia, el primer Diputado Domingo de Frías Bello; Mateo Vicente de León, segundo Diputado del Común; José Hernández Moreno, Síndico Personero y el Secretario Domingo de Fuentes, que contribuyen con el aporte de piedra y sufragando cada uno el pago de oficiales y peones durante algunos días. Entre los demás cabezas de familia el Ayuntamiento realizó un reparto proporcional, para ello se distribuyó al vecindario en seis clases:

CLASE	Nº DE VECINOS	CONTRIBUCIÓN (r.v. cada uno)
Primera	2 (no se habían suscrito)	40
Segunda	4	30
Tercera	7	20
Cuarta	12	15
Quinta	39	10
Sexta	142 (jornaleros que participan con sus jornales valorados cada uno en 2 r.v.)	2

FUENTE: Libro de Aranceles, Consultas y otros Documentos, A.P. Arona.

181 Libro de Defunciones de la Iglesia de San Antonio Abad de Arona, S.XIX, A.P. A.
182 Libro de Aranceles, Consultas y Otros Documentos, A.P. A.
183 Ibídem.

En cuanto a la ubicación, la comisión encargada del asunto se pronuncia a favor de un pedazo de tierra en la finca La Mejora, propiedad del Marqués de Bélgida, es decir, de la Casa Fuerte de Adeje. La elección de este punto se hacía teniendo en cuenta que la profundidad era la conveniente para la excavación de los sepulcros, en segundo lugar porque se hallaba a unas 400 varas (335 metros) extramuros del pueblo, en una traspuesta que lo hacía invisible, y en una posición en que los vientos rara vez se dirigían hacia la población. La extensión del terrero era de un almud de puño y se destinaba a pan sembrar. Fue valorado por los peritos en 120 reales de vellón.

Elegido el terreno, los ediles se dirigen al administrador de la Casa Fuerte, Francisco Díaz, y le comunican la tasación realizada, apelando a la generosidad del Marqués para que, teniendo en cuenta la pobreza del pueblo, contribuyera con la donación del terreno.

La construcción del cementerio se retrasó, por un lado, por la ausencia del administrador de la Casa Fuerte y, por otro, porque la miseria imposibilitaba el trabajo de los vecinos en la obra, hasta tanto se recogiesen las cosechas. Mientras tanto, las inhumaciones siguieron realizándose en la parroquia.

Dos años más tarde el Alcalde Antonio Rodríguez Sierra retoma el tema, informándole Antonio Sarabia sobre la contestación negativa del administrador de la Casa Fuerte, en tanto no recibiese orden expresa del Marqués de Bélgida. Se había estudiado también la posibilidad de adquirir un terreno propiedad del vecino Pedro Mena, situado en El Llano de La Canaria, pero esta iniciativa quedó paralizada al dar prioridad a las obras de recomposición de caminos.

Los responsables públicos de 1837 no consideraron idóneo el lugar últimamente propuesto, no solo por la distancia existente hasta la parroquia, sino por las dificultades que presentaba el camino de acceso. Al final, la solución vino de la mano de José Montesinos que propuso contribuir con un terreno contiguo a la propiedad de la Casa Fuerte, en La Mejora, el cual podría permutarse por el terreno que se precisaba y que pertenecía, como hemos indicado, al Marqués de Bélgida, a lo que accedió su administrador.

Las obras se iniciaron en 1837 por medio de repartimiento vecinal, tal como se había previsto en 1835, lo que corrobora el hecho de que se planteara en 1838 la conveniencia de un reparto entre los vecinos, según se desprendía del artículo cuarto del Auto de Policía y Buen Gobierno, aprobado el 15 de enero de 1838, que preveía la obligación de los vecinos de dedicar algún día de trabajo a adelantar la fábrica del cementerio.

Las sanciones en que incurrirían los que faltasen al trabajo los días estipulados se fijaron en 4 reales de plata, multándose además a quienes sacasen agua de los pesebres, incluido el celador de aguas José Fraga, a quien se sancionaría con el doble de la cantidad señalada. Lo recaudado por este medio se destinaría a adelantar el cementerio[184].

En 1840 el cementerio se hallaba con los cimientos abiertos y la piedra reunida, encargándose a José Medina el cuidado de los trabajos y la vigilancia de las escuadras[185].

El 12 de junio de 1842 el párroco Miguel Rodríguez Guillama bendecía el camposanto *"en virtud del decreto de S.I. de 3 de noviembre último, el cura propio de Arona, don Miguel Rodríguez Guillama, pasó al nuevo campo santo, acompañado del muy ilustre Ayuntamiento y de algunos otros vecinos, y procedió a la bendición conforme a los sagrados ritos, según así se le previno por S.I. en el citado decreto"*[186].

Construida la necrópolis, los primeros enterramientos se realizaron como hemos indicado páginas atrás, en la década de 1840, pues, por ejemplo, Lorenzo de Frías y María Agustina Sarabia manifestaban su voluntad en 1842 de ser enterrados en el cementerio, muestra evidente de que ya estaba habilitado como tal, aunque fallecieron en 1848, no obstante en 1843 ya se había enterrado a Domingo de Frías Bello[187].

Poco tiempo tardó en evidenciarse lo inadecuado del lugar elegido, pues a mediados de la centuria se denunciaban las deficiencias. Con motivo de una circular del Gobernador Civil de 14 de agosto de 1856, por la que se ordenaba reparar los cementerios, la Corporación municipal acordaba comunicarle las deficiencias del de Arona. Se afirma que la necrópolis estaba construida casi en medio de la población, en un terreno de barro secante, y que más de la mitad de la superficie era inútil, por tratarse de un risco donde no se podían abrir sepulturas, en estas circunstancias, concluía el informe, el tiempo de putrefacción de los cadáveres era mucho[188].

Las deficiencias de la necrópolis se unían a la latente amenaza de una mortalidad catastrófica, que en estas fechas venía de la mano del cólera morbo asiático, temor que en Arona se incrementaba, en 1857, por el estado de las aguas de abasto[189].

Resulta llamativo que tras el largo camino recorrido para construir la necrópolis, y de mostrarse convencidos de haber encontrado el lugar idóneo,

[184] Actas municipales de Arona, 15-1-1838, A.M. Arona.
[185] Libro de Aranceles, Consultas y Otros Documentos, A.P. A.
[186] Libro de Entierros de la Iglesia de San Antonio Abad de Arona, 1842, A.P. A.
[187] DÍAZ FRÍAS, N.: *Testamentos aroneros (Siglo XIX)...*, pp. 599, 602.
[188] Actas municipales de Arona, 7-9-1856, A.M. Arona.
[189] Actas municipales de Arona, 5-4-1857, A.M. Arona.

pocos años después se denuncien sus inconvenientes, con alegaciones que, curiosamente, contradicen lo que anteriormente se consideraban ventajas, por ejemplo, la distancia a la que estaba la población, la escasa incidencia de los vientos, la calidad del terreno, etc. Algunas de estas cuestiones las aclara la misma Corporación municipal, pues en 1865 reconocía que, si bien se había construido fuera de la población, en ese momento se encontraba dentro de la misma, pues había crecido el espacio urbanizado, lo que resulta comprensible dados los beneficios que el negocio de la cochinilla estaba dejando por estas fechas. Menos comprensibles son las opiniones respecto a los vientos o la clase de suelo, pues la Corporación afirmaba que por su situación, al suroeste de la población, por las frecuentes brisas y por la imposibilidad de excavar fosas profundas, la fetidez se extendía por un radio considerable[190].

Cementerio Viejo, diseño idealizado de Juan Martín.

[190] Actas municipales de Arona, 20-8-1865, A.M. Arona.

La equivocación al elegir el terreno se explica por incapacidad de los comisionados para elegirla, pero no podemos descartar otro tipo de motivaciones, pues con el liberalismo se modificaba la estructura socioeconómica, y la propiedad sobre la que se construía el camposanto pertenecía a la familia más poderosa en las bandas del Sur, la de los Marqueses de Adeje o Bélgida, aunque fuera objeto de una transacción con José Montesinos, y las leyes desvinculadoras propiciarán que la finca La Mejora pasase a manos de la familia de Antonio Domínguez Villarreal, que afianzaba por esta época su poder como miembro de la burguesía agraria comarcal.

De las deficiencias de la necrópolis se hacía eco *El Guanche*, en 1863, al hacer referencia a su mala ubicación *"¿Por qué no se toman las medidas necesarias para que el Cementerio desaparezca del centro del pueblo donde hoy se halla, se coloque fuera del mismo y en un terreno mas propio, y de esta manera se evitarían los malos olores que exhala, y se evitarían asi mismo consecuencias mas tristes?... Es mas fácil domesticar un cangrejo, Sor. Director, que encontrar en esta localidad quien quiera contestar á una de estas preguntas"*[191].

Arona, con vista del Cementerio.

[191] *El Guanche*, 11-10-1863.

En la segunda mitad del siglo XIX el traslado de la necrópolis será un tema recurrente en la gestión pública local. Se llegó a proponer un terreno casi inmediato, denominado El Hoyo, donde el suelo era de arenisca húmeda. En 1865, con motivo de las fiebres que azotaban a los pueblos del Sur (Arona, Vilaflor) y vista la circular enviada por el Gobernador, el Alcalde en unión de los asociados de la junta local de sanidad y de los mayores contribuyentes, para evitar la extensión del mal fijan su atención en una mejora sanitaria, con una medida prioritaria: la traslación del cementerio. Paralelamente el Ayuntamiento organizó un servicio de vigilancia para el aseo y limpieza. Quedó el municipio dividió en partes, encomendándose a algunos vecinos la vigilancia[192]:

PAGOS O CASERÍOS	VIGILANTES
Arona (casco)	Basilio Sarabia
Vento	Julián Tavío
Las Casas, Casitas, Altavista	Lorenzo García
La Hondura	José Delgado García
Túnez	Juan Toledo Monroy
La Sabinita, Cabo Blanco	Francisco Peña
La Fuente, Barranco, Almácigo (Valle S. Lorenzo)	Antonio Valentín Lemus
Llano de Mora, Toscal, Chinida (Valle S. Lorenzo)	Ezequiel Alfonso
La Tosca, Beña, Cabo (Valle S. Lorenzo)	Agustín de León
Quemada, Buzanada Malpaís	José Sierra Tacoronte

La Corporación para afianzar la necesidad de trasladar el cementerio recurre a la cualificada opinión del médico aronero Eduardo Domínguez Alfonso. En su informe califica al recinto funerario como nocivo para la salud pública, máxime en caso de producirse epidemias, sin descartar que las pudiera incluso generar. En vista de ello la junta municipal y los vecinos se prestaron a colaborar con su trabajo personal y con el dinero que faltase para el traslado.

Las gestiones, diez años después, no habían dado frutos, por lo que se comisionó al mampostero Niceto Fumero Torres y al carpintero Victoriano González para que realizasen las reparaciones y ampliaciones necesarias, a fin de que pudiese acoger a los que murieran fuera del gremio de la Iglesia católica[193]. Recordemos que los que morían sin ser bautizados, por suicidio o que tuvieran otra religión debían inhumarse fuera de terreno sacralizado, eligiéndose normalmente terrenos fuera de la población, y que en Arona se situarían fuera del cementerio, recibiendo estos espacios el nombre de chercha

[192] Actas municipales de Arona, 13-8-1865, A.M. Arona.

[193] Actas municipales de Arona, 4-3-1877, A.M. Arona.

o corralillos. La habilitación de este espacio respondía a la tendencia creciente de atribuir a los cementerios una titularidad municipal.

De hecho, la Ley de 29 de abril de 1855 ordenaba la construcción de cementerios especiales para los no católicos en los lugares en que, a juicio del Gobierno, lo exigieran las circunstancias y, posteriormente, la R.O. de 28 de febrero de 1872 volvía a ocuparse del asunto, abordando la adquisición de los terrenos por parte de los Ayuntamientos para la construcción a ampliación de los cementeros, obras que gozarían de la declaración de utilidad pública, estableciéndose unos meses más tarde respecto a las llaves, que debía haber dos, una estaría en manos de las autoridades municipales, para que ejercieran sus obligaciones en materia de higiene, policía y orden, y otra en manos del párroco que asumía el cometido espiritual y religioso. Cada vez estaban más claras las competencias municipales en los cementerios que fueran propiedad de los Ayuntamientos (conservación, salubridad, ornato), permitiendo la Ley de 2 de octubre de 1877 establecer arbitrios sobre los enterramientos, recordándose en la R.O. de 19 de mayo de 1882 que se debían construir cementerio para los no católicos, con arreglo a la Ley de 29 de abril de 1855 y la R.O. de 28 de febrero de 1872, aunque en la mayoría de los pueblos en 1883 no se habían cumplido[194].

Fachada principal del Cementerio Viejo.

El recinto funerario podemos describirlo como un espacio rectangular, de 493 metros cuadrados[195]. Se accedía por medio de un vano con arco de me-

[194] FERNÁNDEZ HIDALGO, M.C., GARCÍA RUIPÉREZ, M.: "Los cementerios. Competencias municipales..., pp. 60, 63.
[195] Inventario de bienes del Ayuntamiento de Arona, 1991, A.M. Arona.

dio punto, situado en el noreste, vano sobre el que se levantaba un frontón triangular, coronado con una cruz. Los muros se remataban de trecho en trecho con almenas, y al fondo del recinto se levantaba una pequeña capilla que terminaba en una cruz y que acogía la caja de difuntos comunitaria. Los enterramientos se realizaban en la tierra, señalizándose las tumbas por medio de cruces, sin que nos consten para el siglo XIX la existencia de panteones privados, aunque presumimos la existencia de zonas destinadas a los más pudientes, como podría ser la proximidad o el entorno de la capilla. No obstante, es probable que una de las grandes sepulturas que contuvo datara del siglo XIX. Tampoco debemos olvidar la existencia de osario y que, siguiendo la tendencia habitual, debía situarse en una esquina.

En 1884 se evaluó el estado de los cementerios, conforme a los datos remitidos por el Gobernador, con indicación de las reformas que precisaban. Respecto al de Arona se dirá *"Carece de condiciones higiénicas por su proximidad á la población y carece de dependencias"*, por ello se disponía su clausura y se ordenaba la construcción de otro bien dotado[196].

La Administración intentaba establecer pautas respecto a la situación de los camposantos, con el fin de que fueran cumplidas en todo el país. Por ejemplo, la Real Orden de 19 de mayo de 1882 señalaba que debían emplazarse en lugar elevado, contrario a la dirección de los vientos dominantes, en terrenos mantillosos o calizos, a medio kilómetro de distancia de cualquier elemento urbanizado, por ser *"establecimientos de mefitismo pútridos permanentes"*, con un declive y grado de humedad adecuados y lejos de fuentes de agua. El recinto debía servir para cinco años de enterramientos –periodo mínimo de exhumación de restos–, con tierra removible, y en hoyos de 2 por 0,8 metros, separados por 30-50 centímetros o una pared. Estas cuestiones físicas debían de acompañarse de vigilancia y de un cercado o murado de dos metros de alto, con puertas de hierro cerradas con candado, y de salas específicamente dedicadas a autopsias y embalsamamientos, velorios, capilla y habitaciones para capellán y sepulturero[197]. Nada de esto existía en Arona, salvo el muro de cierre, y la puerta era de madera.

Sin dudas, las condiciones a garantizar sobrepasaban las capacidades municipales, máxime en unos tiempos de recesión, como consecuencia de la pérdida del mercado de la cochinilla. Así termina el siglo XIX sin que el proyecto del nuevo cementerio se hiciese efectivo.

---

196 *Boletín Oficial de la Provincia de Canarias*, 27 de febrero de 1885; RODRÍGUEZ DELGADO, O.: "El primer cementerio de Arona (1842-1939)", *blog.octaviordelgado.es*.
197 ONISTAL, M.: "Legislación funeraria y cementerial española...

La construcción de la Carretera que uniría Arona con el puerto de Los Cristianos, a principios del siglo XX[198], dejaba a la vista lo inadecuado del terreno en el que se había levantado el camposanto, pues dejaba al aire el risco sobre el que se alzaba.

En 1918, bajo la alcaldía de Antonio Fraga Tavío, la Corporación volvió a retomar el tema. Nuevamente se denunciaba la incapacidad del cementerio para cubrir las necesidades de la localidad, dado el aumento de población y, por tanto, de las defunciones, a lo que había que añadir razones ya expuestas anteriormente, como era el riesgo para la salud pública. Y este hecho no resulta casual pues el temor a la epidemia de gripe que azotó el planeta entre 1918 y 1919 llegó a todos los rincones y, por supuesto, a Arona, donde se autorizaba al Alcalde a adoptar las medidas precisas[199].

Vista sur del Cementerio Viejo en la década de 1930 (Jóvenes paseando en la Carretera: Alfredo Alayón, Teresa Beltrán (?), Isabel Barrios, Inés Beltrán, Carmen Carballo).

Se elige para la construcción de la nueva necrópolis una finca próxima a la localidad, conocida por La Cruz, perteneciente a las vecinas María Luisa, Efigenia, Lucía y Matilde Espínola Espínola, y que usufructuaba Julia Espínola González, quienes la cedían gratuitamente. El Ayuntamiento declaró de necesidad y utilidad pública la obra, encargando el plano correspondiente al maestro de obras Antonio Bethencourt Medina, pues no había arquitecto.

[198] PÉREZ BARRIOS, C.R.: *Las redes de comunicación terrestre en Arona (Tenerife). Precariedad viaria*, Ed. Llanoazur, Ayuntamiento de Arona, 2004, p.p. 85-89.
[199] Actas municipales de Arona, 20-5-1918; 20-10-1918, A.M. Arona.

Con el fin de analizar de forma exhaustiva el asunto se requirieron informes al párroco, al juez municipal y a dos facultativos. Desconocemos lo dicho por el párroco, pero el Juez municipal, a la sazón Eugenio Domínguez Alfonso, manifestará que, según los libros que custodiaba, en el periodo de 1908 a 1917, ambos inclusive, se habían asentado 375 defunciones. Los facultativos Luciano Alfonso Mejías y Manuel González Trujillo tras analizar el terreno de La Cruz, tanto en lo referido a orientación, aireación, subsuelo y distancia al pueblo, según lo establecido por la ley, lo califican de adecuado.

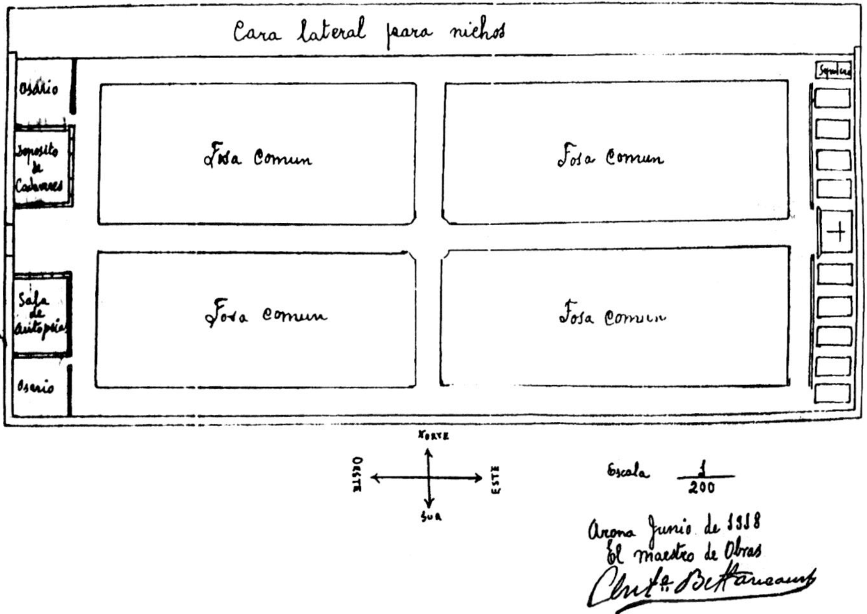

Plano para un nuevo Cementerio realizado por Antonio Bethencourt en 1918.

El proyecto redactado por Antonio Bethencourt preveía su construcción en unos 1.140 m^2 y, a criterio de la Corporación, respondía a las necesidades del municipio, atendiendo a lo más preciso y sencillo. Se trataba de garantizar la solidez y la seguridad necesaria para la custodia de los restos humanos, evitando muestras suntuosas, impropias de la severidad que se le suponía a este tipo de recintos. Se dividía el espacio del cementerio en cuatro áreas destinadas a fosas comunes, separadas por un espacio de tránsito cruciforme, que se extiende también por los laterales. En la cabecera se situaba una pequeña capilla, con 5 sepulcros a cada lado. La cara norte del recinto se reservaba para la construcción de nichos, situándose en el lado de la entrada, al este, dos osarios, una sala de autopsias y un depósito de cadáveres[200].

El expediente se remitió al Gobierno Civil para su aprobación, pero años más tarde la obra seguía sin realizarse. De la inminencia de la construcción hablan los vecinos Antonio y Prudencia Frías Hernández, en 1920, al pedir que fuese respetado el lugar de inhumación del cadáver de su hermano hasta tanto fuera trasladado al nuevo cementerio proyectado. El Ayuntamiento accedió a la petición, dado el prestigio que tenía el difunto Leonardo Sierra Hernández, cediéndole el terreno hasta tanto se construyese el nuevo camposanto[201]. En 1924 el proyecto seguía paralizado, pues ante la petición de Mateo Baute Lauzarán para construir un pequeño mausoleo donde su madre Adela León Fraga se hallaba enterrada, el Ayuntamiento lo deniega, no solo por lo pequeño del recinto, sino por el propósito de construir una nueva necrópolis[202]. Sin embargo, sí que existían por estas fechas dos panteones, en este caso correspondientes a dos pudientes familias, la de los Domínguez y la de los Bello, cubierto uno con cantería gris de la zona y otro con mármol blanco.

Respecto al panteón de los Domínguez desconocemos cuando se mandó a construir, pero probablemente fue a raíz de la muerte del patriarca de la familia Antonio Francisco Domínguez Villarreal, fallecido en su casa de Los Cristianos en 1871 "*El comandante graduado capitán de Milicias don Antonio Domínguez Villarreal falleció en su casa de campo del Puerto de Los Cristianos el 10 de febrero de 1871, a las dos de la madrugada, a consecuencia de "un ataque apopléjico", según la partida del Registro Civil, o de "enfermedad desconocida", según la de la parroquia; contaba 64 años de edad y no había testado, ni recibido los Santos Sacramentos, "por ser su muerte repentina". Ese mismo día se celebró el funeral de "corpore insepulto" en la iglesia de San Antonio Abad de Arona por el párroco don Clemente Hernández Alfonso, recibiendo a continuación sepultura en el cementerio de su pueblo natal, de lo que fueron testigos don Cesáreo Bethencourt y don José Medina.- El capitán general de Canarias, don Luis Serrano del Castillo, comunicó dicha pérdida al ministro de la Guerra, con fecha 18 de febrero de 1871: "En la madrugada del día diez del actual falleció de muerte natural el Comandante graduado Capitán de la 3ª compañía de la Sección Provincial de Abona de las Milicias de estas Islas, Don Antonio Domínguez y Villarreal. Lo que tengo el honor de participar a V.E. para su debido superior conocimiento*"[203].

---

[200] Expediente para la construcción de un nuevo Cementerio, 1918, A.M. Arona; PÉREZ BARRIOS, C.R.: "Construcciones funerarias en Arona, Siglos XIX y XX", *La Prensa*, 25-10-1992.
[201] Actas municipales de Arona, 26-11-1920, A.M. Arona.
[202] Actas municipales de Arona, 6-1-1924, A.M. Arona.
[203] RODRÍGUEZ DELGADO, O.: "Personajes del Sur (Arona): Don Antonio Francisco Domínguez Villarreal (1807-1871), Comandante Graduado de Milicias, Comandante Militar

El panteón de los Bello fue fruto de la petición que, en 1921, hizo Teófilo Bello Rodríguez al Ayuntamiento, para que fuera respetado el lugar donde se hallaba inhumado su padre Tomás Bello Gómez –este vecino fue uno de los mayores propietarios de la comarca, pues accedió a parte de las propiedades que habían pertenecido al mayorazgo de los Soler, a través de las compras de tierras a la familia Chirino, heredera de Alonso Fernando Chirino del Hoyo, Marqués de la Fuente de las Palmas asesinado en 1840[204]–, y para ello solicita la venta de un trozo en el cementerio donde poder construir una bóveda para trasladar los restos. Manuel Mora Gutiérrez defenderá que, dado el prestigio, los méritos y servicios prestados por el difunto, quien en ocasiones había ayudado con su peculio particular a los gastos del Ayuntamiento, el terreno solicitado debía ser cedido gratuitamente, garantizándose hasta la construcción de la bóveda el terreno donde se hallaba inhumado[205], por lo que no podemos descartar que esta fórmula hubiera podido ser utilizada por los Domínguez.

En 1927 el proyecto de La Cruz estaba desechado, disponiéndose la Corporación a adquirir otro solar, programando invitar al Obispo al acto de colocación de la primera piedra[206].

En los años siguientes se realizan varias propuestas sobre el lugar idóneo, decantándose unos, en 1929, por el conocido como Montaña Frías, frente a otros vecinos que preferían El Llano del Roque de Vento. En 1933 se planteó, incluso, la construcción de tres cementerios, ubicados: uno en Arona, otro en el Valle de San Lorenzo y otro en Los Cristianos, propuesta que toma peso dos años más tarde para Los Cristianos y Valle de San Lorenzo. A este efecto comenzó la búsqueda de los lugares más adecuados, se solicitaron informes a los médicos Cabrera Valdivia y Pedro de las Casas, se elaboraron presupuestos, se fijó el tiempo de ejecución, etc. No obstante, estos proyectos también fracasaron[207].

No se libró el Cementerio de la confrontación suscitada durante la II República, constándonos las invocaciones a los muertos que se hacían hacía

---

de Abona, Secretario del Ayuntamiento de San Miguel, Administrador de la Casa Fuerte de Adeje, Alcalde constitucional y mayor propietario de Arona, *blog.octaviordelgado.es*.

204 PÉREZ BARRIOS, C.R.: *La propiedad de la tierra en la Comarca de Abona en...*, T.I, p. 466.

205 Actas municipales de Arona, 3-5-1921, A.M. Arona; Información de Manuel Barrios Rodríguez.

206 Actas municipales de Arona, 4-3-1927, A.M. Arona.

207 Actas municipales de Arona, 2-12-1928; 30-6-1929; 27-8-1933, 26-10-1933; 7-4-1935, A.M. Arona.

1932[208], lo que sin duda sería fruto del enfrentamiento entre el Gobierno y la Iglesia, entre otros motivos, por la secularización de los cementerios.

Tras la construcción de un nuevo cementerio, el viejo sufrirá un proceso de deterioro imparable, no tanto en su estructura sino en el interior, tanto en el área de sepulcros como en la diminuta capilla, colonizando la vegetación el espacio, abandono solo atenuado el Día de los Difuntos, cuando las familias que aún lloraban a sus parientes acudían a enramar sus tumbas.

En 1975 el párroco Esteban Martínez consideraba que el cementerio debía desaparecer, no solo por su proximidad a la población, sino por el peligro de derrumbe, afirmando que su estado no invitaba a la devoción, ni tenía la dignidad que se le suponía a un camposanto[209].

En la década de los ochenta del siglo pasado, el deterioro, las expectativas de crecimiento económico del municipio, el que el recinto estuviese situado en la misma entrada del pueblo junto a un determinado sentido de la estética fomentan la idea del derribo, máxime teniendo en cuenta que se trataba de la capital de un municipio llamado a convertirse en motor económico insular.

El viejo cementerio fue demolido –algunos familiares pudieron retirar los restos de sus parientes–, y en 1984 se llevó a cabo una transformación de este espacio, siguiendo un proyecto de la Oficina Técnica Municipal. Se construyó en el lugar una plaza, rotulada bajo el nombre de La Paz, en clara referencia al descanso eterno, pero en la que se eliminaba cualquier referencia a la función fúnebre que había tenido.

Las obras fueron ejecutadas por la empresa TEN-BEL, S.A., con un importe de 3.551.074 pesetas. En el año 2011 la Plaza de la Paz es objeto de una nueva remodelación, conforme al proyecto redactado por los arquitectos Juan Diego Mayordomo y María Mateo. La utilización con carácter ornamental de algunos de los elementos arquitectónicos que caracterizaron la vieja necrópolis se plantea como una fórmula de perpetuar en la memoria colectiva el valor histórico y patrimonial del lugar.

---

208 PÉREZ BARRIOS, C.R.: *Arona. Un recorrido...*, p. 272.

209 Informe del párroco Esteban Martínez Arroyo, Lugares sagrados, Legajo 1, documento 27, 10 de enero de 1975 a 4 de abril de 1975: Información facilitada por José Alberto Delgado Domínguez.

Remodelación de la Plaza de la Paz, proyecto de los arquitectos Juan Diego Mayordomo y María Mateo.

Detalle de la Plaza de la Paz (2025).

Sin duda, la función funeraria que este espacio tuvo en el pasado, ha condicionado la actividad y uso de la plaza, unas veces por respeto al lugar de reposo eterno que fue, otras por el carácter sagrado que se le atribuye y, otras, por simple superstición o temor a los espíritus. Y ello pese al indudable valor paisajístico, al interés botánico, a su accesibilidad, a su amplitud y a su significación histórica, patrimonial y artística, pues podemos encontrar referencias al pasado funerario –portal de entrada, almenas–, pero también obras escultóricas de gran interés, como la realizada en tosca blanca –material abundante en la comarca– por el escultor Guillermo Batista, o la que rinde homenaje a una de las personalidades más importantes en la historia insular entre el siglo XIX y principios del XX, nos referimos al médico aronero Eduardo Domínguez Alfonso –primer Presidente del Cabildo Insular de Tenerife–, vinculado a la historia del Viejo Cementerio a través de los informes que sobre él emitió. El busto, realizado en bronce, es obra del escultor Fernando Mena, y fue colocado en 2020 en el contexto de la pandemia de covid-19.

El Cementerio Santa Salomé

El 24 de noviembre de 1937 parece tomarse la última decisión respecto a la construcción de un nuevo cementerio, se desecha la ubicación de El Pilón y se opta por la Montaña Frías, concretamente por unos terrenos que Hortensia Villarreal Linares cedía gratuitamente. En 1939 los vecinos veían hecha realidad una obra demandada desde el siglo XIX. La necrópolis fue bautizada con el nombre de Santa Salomé. Según la tradición oral por llamarse así la primera persona enterrada allí. El párroco de Arona, en 1975, afirmaba que el primer cadáver inhumado en él había sido el de Salomé García Bethencourt, muerta en Las Casas (Arona) a los 79 años de edad, el 13 de mayo de 1941[210]. Esta información plantea interrogantes sobre el retraso en la inauguración del Cementerio, pues terminado en 1939 y demandada su urgencia desde la segunda mitad del siglo XIX, resulta llamativa la demora. Es posible que quedaran pendientes de realizar algunas obras, pero no olvidemos que la época era convulsa desde el punto de vista político y jurídico, de hecho la Ley de 10 de diciembre de 1938 derogaba la Ley de 30 de enero de 1932 que había secularizado los cementerios. El régimen franquista desmantela los avances republicanos, proyectándose la confesionalidad católica a los cementerios públicos, es decir, pasarían a considerarse como católicos, teniendo la Iglesia jurisdicción so-

[210] Información del párroco Esteban Martínez Arroyo, 1975: datos facilitados por José Alberto Delgado Domínguez.

bre ellos. Por tanto, las personas que tenían otras religiones o que no fueran "buenos católicos" debían ser sepultados en un espacio habilitado a este fin, separado por tapias de la parte católica, zona que se consideraba cementerio civil. En el cementerio de Arona se situaba en el lado izquierdo, entrando.

La denominación del camposanto tiene un valor simbólico, no solo por recoger el nombre del primer difunto enterrado en él, sino porque Salomé en hebreo significa paz, y su construcción coincide con el fin de un conflicto nacional de gran violencia, la Guerra Civil Española, en el que el último parte de Guerra fue firmado el 1 de abril de 1939. Además, no podemos olvidar que Santa Salomé estuvo a los pies de la Cruz de Cristo, y fue una de las que acudió al sepulcro para ungir su cuerpo, recibiendo del ángel la noticia de la resurrección. Dado que estuvo en el suplicio, en el entierro y en la resurrección de Jesucristo, su advocación resulta muy acorde al cristianismo y a su mensaje de una vida eterna. El primer sepulturero del que tenemos constancia fue Luis Barrios Domínguez.

Por estas fechas la población del municipio había crecido respecto al siglo XIX, pues la población ascendía a 3.611 habitantes de hecho, con múltiples entidades de población[211], siendo las más pobladas la de Arona, con los caseríos próximos, el Valle de San Lorenzo y Los Cristianos, seguidos de Cabo Blanco, Buzanada y Las Galletas. Por tanto, la situación del cementerio debía poseer una buena conectividad. Su ubicación parece ser resultado de un detenido estudio, pues ofrecía ventajas respecto a otros lugares propuestos desde el siglo XIX. Después de la epidemia de cólera en 1893[212] o de la epidemia de gripe de 1918 era evidente que se requería con urgencia un nuevo lugar de enterramiento, pero que reuniera las condiciones de alejamiento de los principales núcleos de población, que tuviera buena aireación, con terreno adecuado para la apertura de fosas y que estuviera bien comunicado. Ya desde finales del siglo XIX los cementerios se empezaban a construir en degolladas, fuera de los pueblos, en lugares con buenas vistas, por ejemplo en colinas, y solían contener una pequeña capilla[213].

El punto elegido en la Montaña Frías, reúne esas condiciones, pues el solar se situaba en la base norte de un cono de piroclastos, con suelo adecuado para la putrefacción de los cuerpos, estaba bien ventilado por la acción

[211] PÉREZ BARRIOS, C.R.: *La Historia de...*, p. 33.
[212] PÉREZ BARRIOS, C.R.: "La epidemia de cólera de 1893 en el Sur de Tenerife. Intervención de Juan Bethencourt Alfonso y Eduardo Domínguez Alfonso", *III Jornadas de Historia del Sur de Tenerife, Ayuntamiento de Arona*, 2015, p. 165.
[213] GALVÁN TUDELA, J.A.: "Etnografía de la muerte en Canarias a principios del siglo XX", *Revista de Historia Canaria*, nº 183, 2001, p. 129.

constante de las brisas y su distancia al pueblo prevenía posibles riesgos sanitarios, pero, además, estaba bien comunicado. Permiten los restos de caminos conservados en el entorno considerar el lugar como una encrucijada: por el oeste llegaba el camino procedente de Adeje, por Las Vueltas, y conectaba a la altura de la Montaña Frías con el antiguo camino que iba a Los Cristianos, continuando hacia el norte en dos vías casi paralelas: la de El Pilón, que llegaba a Vento, desde donde se podía llegar a la Iglesia de Arona o seguir hacía Altavista por Las Casas, y más al este la que por La Mejora y los Asientos enlazaba, por la Calle Real o del Camposanto (Duque de la Torre), con el camino real de Vilaflor (Altavista, La Hondura), sin olvidar que en la Calle Duque de la Torre confluían los caminos que venían de Túnez y de Vento. Desde Montaña Frías se dirigía otro camino hacia el Valle de San Lorenzo, por El Frontón, que se veía interceptado en su recorrido por el Camino de La Sabinita (actual calle o camino Juan Alfonso Batista Guillama). Esta conectividad se verá notablemente mejorada con la construcción a principios del siglo XX de la carretera que unía Arona con el puerto de Los Cristianos[214].

El recinto original de la necrópolis era sencillo, de forma rectangular y con una superficie de 2.016 m^2. En la cabecera se abría una capilla, dotada con un Cristo crucificado adquirido en 1942, costeado por los maestros Antonio Hernández Rodríguez y Nélida Ascanio, quienes a tal fin habían organizado algunas veladas teatrales en sus escuelas[215].

Se estructura la superficie en dos partes, separadas por un pasillo central, en el que se sembraron árboles de gran porte. A la izquierda, entrando, se situaba la "cherche" donde se inhumaba a los muertos fuera del catolicismo, a los suicidas y a los no bautizados. Se accedía a este espacio por una puerta pequeña situada a la izquierda de la principal. Desde sus inicios se contempla la posibilidad de hacer nichos, pues en 1944 se contactó con Salvador González, albañil de nichos de Granadilla, para encargarle su construcción, sepulturas que se levantarían en el lateral izquierdo de la capilla, en columnas de 4 nichos[216], estructura que se inscribe en una galería arqueada, en concreto de cuatro arcos. El lado derecho se organiza en una estructura adintelada, conservándose enterramientos de los años sesenta del pasado siglo. El recinto funerario se cerró con una puerta de forja, donde está grabado el año de conclusión, 1939.

---

214 PÉREZ BARRIOS, C.R.: "Caminos en la Historia, instrumentos de vertebración en el territorio aronero", *XX Simposio sobre Centros Históricos y Patrimonio Cultural de Canarias*, Fundación CICOP, 2018, p. 265; PÉREZ BARRIOS, C.R.: *Arona. Un recorrido...*, p. 317.

215 PÉREZ BARRIOS, C.R.: *Arona. Un recorrido...*, p. 227.

216 Actas municipales de Arona, 16-2-1940; 30-12-1944, A.M. Arona.

Dibujo idealizado del Cementerio Santa Salomé (Juan Martín).

En las décadas siguientes el sistema de nichos se extenderá por el costado oeste del recinto, implementándose años más tarde una nueva planta de nichos. La Oficina Técnica Municipal realizó en 1977 un proyecto bastante ambicioso para la ampliación de la necrópolis, que incluía además de la construcción de nichos, dependencias anexas, capilla, osarios y vía de circunvalación. Las limitaciones presupuestarias dificultaban la acometida del proyecto en su totalidad, que será planteado por fases[217].

En los años siguientes se realizaron obras que incluyeron la realización de un pórtico en la entrada, lo que confiere al recinto un carácter monumental, permitiendo el sistema la mejora de los servicios, por ejemplo, con la construcción de la sala de velatorios. La conexión con la parte de nueva construcción se hizo sacrificando la antigua capilla que se trasladará a uno de los laterales de la ampliación, abriéndose otra entrada por el lado oeste del recinto.

El crecimiento poblacional lleva, a comienzos de la década de 1990, a plantear la necesidad de ampliar la necrópolis. Se desarrollará el proyecto en una parcela de 10.000 m^2 perteneciente al Ayuntamiento, situado al sur del recinto, en la ladera de la montaña. Los arquitectos –Mariano Capdevila, Fernando Bercedo y Cristina Riverola– conciben, dada la acusada pendiente, un proyecto desarrollado en forma de bancales, con áreas de tránsito rodado

[217] Proyecto 1.001P, A.M. Arona.

que faciliten la prestación de servicios. La continuidad con el resto del Cementerio queda garantizada por medio de un túnel o pontón bajo la calle. Interesante resulta la propuesta de construcción de un crematorio[218], fórmula que cada vez encontraba más adeptos y que, finalmente, se concretará en la construcción del tanatorio-crematorio de Cho (Parque la Reina) de manos de la iniciativa privada.

Pórtico del Cementerio Santa Salomé.

La capacidad del Cementerio se vio sobrepasada de nuevo, consecuencia de un incesante crecimiento demográfico, lo que obligará a una ampliación, que se concretó en la construcción de 320 nichos, obra que en 2023 estaba finalizada, lo que supuso una inversión de casi medio millón de euros, incluyendo un nuevo acceso adaptado a personas con movilidad reducida. Destacaban los responsables públicos la importancia de esta inversión para evitar lo ocurrido años atrás "*en el pasado llevó a colocar el camposanto municipal al borde del colapso*"[219].

Respecto al tipo de sepulturas, observamos que no existen mausoleos, monumentos funerarios o panteones, a diferencia de los que existieron en el Cementerio Viejo, o de los que podemos contemplar en otros comarcanos. Por tanto, la humildad y sencillez es la principal característica de esta necrópolis.

Los enterramientos existentes son de dos tipos, los realizados en la tierra y los practicados en nichos. Estos últimos se organizan en columnas de 4, pero las medidas de los más antiguos son más reducidas que el resto, tamaño que indica que las cajas utilizadas eran de tamaño menor. Las medidas estándar de los nichos suelen ser de 80 centímetros de anchura por 65 cm de altura y dos metros y medio de largo.

---

[218] Expediente 3.778-1, A.M. Arona.
[219] *Digital Sur*, 28-3-2023.

Cementerio Santa Salomé en sus distintas fases constructivas.

Cementerio Santa Salomé en sus distintas fases constructivas.

La terminación o remate del nicho muestra la capacidad económica del difunto, o la importancia que le da la familia a la sepultura. Los más antiguos fueron rematados en madera, estando algunos profusamente trabajados. En el muro de cierre de la tumba, con frecuencia realizado en mármol, se inscriben los datos del difunto (nombre y apellidos, fecha de la muerte, fechas del nacimiento y muerte) y un epitafio o recordatorio cariñoso de la familia. El espacio que queda entre el muro de cierre del nicho y la puerta exterior se utiliza para colocar detalles: fotos del difunto, pequeñas imágenes religiosas, jarrones con flores, etc. Con el paso del tiempo, estos remates de madera se van a sustituir por marcos de aluminio cerrados con cristales, que en los últimos años van erradicándose por el riesgo que puede representar su accidental rotura.

Área de nichos primitiva y detalles.

Los nichos se presentan en las últimas décadas de forma sobria, utilizándose sobre todo el mármol gris, con dotación de floreros laterales o con jardinera central. Esta simplicidad no solo responde a la carestía de los servicios funerarios –razón por la que una parte de la población opta por contratar seguros de deceso–, sino por la temporalidad de uso del nicho, pues salvo los que han optado por comprarlo –que podrán disponer de él durante más de medio siglo– la mayor parte de población opta por el alquiler de 5 años, transcurrido ese tiempo los restos pasan a osarios o a nichos de restos.

Modelos de cruces en el Cementerio Santa Salomé.

Los sepulcros en tierra son de tipología muy diferente, desde el simple túmulo de tierra coronado en la cabecera con una cruz de madera, que a veces se alza sobre una pequeña basa de cantería o mármol, hasta los que con similar tipología llevan cruces de mármol, granito o forja, llevando algunas cruces realizadas en cemento adornos de burgados o conchas marinas. Existen tumbas más ostentosas con utilización de lápidas donde están inscritos los datos del difunto y el mensaje que le dedica su familia. Normalmente se utilizan fórmulas reiterativas e impersonales que aluden al cariño de la familia y a su voluntad de recordarlo siempre. No hemos encontrado epitafios que puedan ser realmente creativos o que transmitan un mensaje o visión personal del difunto. Sí llama la atención, por la carga política que tiene, el sepulcro de José Alayón Delgado (Joseíto), pues realizado en mármol negro se acompaña de la bandera republicana, símbolo que trata de traspasar a "más allá de la muerte" lo que fue su ideario en vida, acompañándose también de unos versos de *Oda a la Alegría*, de Pablo Neruda. En el lado derecho del cementerio, junto a tumbas de extranjeros, abundan las de niños.

Con el tiempo, y salvo alguna excepción, se ha ido imponiendo el gusto por el enterramiento en nichos, quedando en la tierra aquellas sepulturas antiguas, de las que a veces no quedan sino las cruces arrimadas a los muros de cerramiento, o son extranjeros que mantienen la preferencia por la inhumación en tierra *"Polvo eres y en polvo te convertirás",* pudiendo influir el que sus familiares, de regreso a sus países, se garantizan la pervivencia del sepulcro durante más tiempo. Es evidente que la conservación de estas tumbas resulta compleja, pues se producen hundimientos en el terreno por la putrefacción de las cajas y de los cuerpos, por las lluvias, los temporales, cuando no por los efectos de las raíces de los árboles. Estos últimos debido a su gran porte terminan convirtiéndose en un peligro, como lo evidencia el desplome de las ramas de unos de los árboles en 2024 que produjo numerosos daños en varias tumbas, motivo por el que se tala, junto a otro de similar porte, y se procede a la plantación de cipreses.

Una vez extinguido el plazo de la concesión del sepulcro, los restos, al igual que las cenizas pueden pasar a los denominados nichos de restos, que son de pequeño tamaño, y que pueden contratarse por 15 o 75 años. Un osario común acoge los demás restos mortuorios.

Modelos de tumbas en el Cementerio Santa Salomé (tumbas de niños, tumba con cerramiento y tumba de José Alayón Delgado).

Daños ocasionados en las tumbas por la caída de las ramas de un árbol.

El registro de las defunciones cambia a partir de la Ley de 17 de junio de 1870 por la que se crean los Registros Civiles, teniendo los municipios obligación de establecerlos. En ellos se inscribirían los nacimientos, los matrimonios y las defunciones, al margen de sus creencias religiosas. En el orden de las muertes, ningún cadáver podría ser enterrado sin que antes se hubiera inscrito en el Libro de Defunciones en el Registro de la localidad, debiendo el juez municipal expedir la correspondiente licencia de sepultura. Ésta se extendía gratuitamente en papel común, estableciéndose multas para los encargados de cementerios que lo incumplieran. Para asentarlo en el libro era necesario un parte verbal o por escrito de los parientes del difunto, con certificado del facultativo en la que se expresase los datos del fallecido, así como la causa de la muerte, extremo este al carecer de médicos que será obviado o suplido por certificado de las autoridades[220].

En las secretarías de los Ayuntamientos se llevaría a cabo la recaudación de los derechos de enterramiento, allí recogían los interesados la documentación para contratar el tipo de enterramiento (tierra, nicho, temporal, perpetuo,...), trámites que, dado lo doloroso del momento, en la actualidad los realizan, sobre todo, las funerarias o aseguradoras, salvo lo que es la exhumación de restos, gestión en la que tiene que estar presente un familiar o comisionado.

Los Reglamentos que se van redactando establecen la posibilidad de colocar lápidas con inscripciones, cruces, mármoles, verjas, flores, etc. El Ayuntamiento construye sepulturas para concederlas a perpetuidad o en alquiler a los particulares que las solicitaran, previo pago de una tarifa. Los interesados recibían las cartas de concesión de sepulturas, y se requería, en el caso de las compradas, la autorización de los Ayuntamientos para ceder los derechos de propiedad a otra persona.

El Estatuto Municipal de 1924 se ocupaba de los cementerios y señalaba que era de exclusiva competencia de los Ayuntamientos cuanto guardase relación con ellos y los enterramientos (imposición de tasas y prestación de servicios fúnebres), pero además tenían la obligación de enterrar a los pobres, sin cobrar derecho alguno, costeando la caja[221]. La tasa de conducción de cadáveres era diferente al arbitrio sobre pompas fúnebres, pues este, recogido en la Ley Municipal de 1877 y en el Estatuto de 1924, gravaba la ostentación, la exhibición y la vanidad manifestada en el valor de los féretros, carrozas, coronas e incluso orquestas utilizadas en el sepelio. Estaban exentos de su

[220] FERNÁNDEZ HIDALGO, M.C., GARCÍA RUIPÉREZ, M.: "Los cementerios. Competencias municipales..., p. 62.
[221] Ibídem, p. 68.

abono los enterramientos de pobres y los de pago de inferior categoría, según las costumbres locales[222].

A lo largo de los años las distintas ordenanzas municipales han regulado todo lo referido a los entierros en el cementerio Santa Salomé. A título de ejemplo, podemos citar el aprobado en 2009, del que podemos destacar que era competencia del Ayuntamiento: la organización, administración general, conservación y acondicionamiento, así como la construcción de instalaciones funerarias y prestación de servicios, sin olvidar las funciones de orden y policía en su interior y aledaños; la autorización a particulares para la realización de cualquier tipo de obras o instalaciones; el otorgamiento de las concesiones sepulcrales y el reconocimiento de los derechos funerarios; la percepción de los derechos y tasas que legalmente se establezcan en la ordenanza fiscal; el cumplimiento de las medidas sanitarias e higiénicas establecidas; el nombramiento, dirección y cese del personal del cementerio y la autorización para la colocación de lápidas, cruces u otros elementos ornamentales o de mampostería a realizar por los particulares en las unidades de enterramiento[223].

[222] Para más información sobre lo legislado respecto a los cementerios, ver FERNÁNDEZ HIDALGO, M.C., GARCÍA RUIPÉREZ, M.: "Los cementerios. Competencias municipales...

[223] Ordenanza municipal reguladora del Cementerio Santa Salomé y de los servicios funerarios, 2009, A.M. Arona.

CAPILLAS CONMEMORATIVAS, CRUCES Y MONUMENTOS COMO TESTIMONIOS DE LA MUERTE TRÁGICA

La muerte repentina y cómo ésta determina la posible salvación del alma, así como el ritual funerario a aplicar, ha sido en la tradición cristiana un tema muy delicado. La muerte súbita o repentina puede ser natural, producto de la vejez o de la enfermedad, por tanto, aunque no hubiera habido confesión o extremaunción el procedimiento a seguir sería el acostumbrado, siguiendo las pautas indicadas en los testamentos, determinadas por los familiares (herederos, albaceas) y marcado por la Iglesia. Cuando la muerte era violenta, bien por accidente, por suicidio o por asesinato, cómo proceder resultaba más complejo.

La incertidumbre del destino de las almas en una muerte violenta será una preocupación para sus familiares, en una sociedad con profundas raíces religiosas, por lo que tratarán de mitigar el sufrimiento o evitar la condena eterna de esas almas.

Los enfrentamientos políticos han provocado una gran violencia a través de los conflictos armados, como los ocurridos, ya en tiempos contemporáneos, con la Guerra de Independencia, las guerras de emancipación americana o, en el siglo XX, la Guerra Civil Española. En estos casos la muerte se considera heroica y, por tanto, no existe una condena por parte de la Iglesia, al contrario ésta se pone al servicio de las familias y del Estado para la salvación del alma de estos difuntos. En el caso de los muertos en la Guerra Civil reciben reconocimiento público con la construcción de monumentos dedicados a los caídos, aunque se hace una interpretación restrictiva de esos héroes, pues solo figurarían los nombres de los muertos en el bando de los nacionales.

Siguiendo esta política se construyó en Los Cristianos la Plaza de los Caídos, figurando en un monolito los nombres de los muertos en el conflicto. Estos monumentos, por lo general, se levantaron en todos los municipios, llamando la atención en este caso que se eligiera, no la capital del municipio, sino uno de sus barrios. Esto podría ser consecuencia de la relevancia económica que Los Cristianos tenía por estas fechas, tanto desde el punto de vista agrario como comercial, teniendo allí segundas residencias la burguesía agraria local.

Plaza de Los Caídos en Los Cristianos.

Los muertos víctimas de la represión socialmente fueron condenados al olvido, pero en las últimas décadas se les reivindica a través de mociones y homenajes, que son fruto de la Ley de Memoria Histórica de 2007. Así se reivindica a los asesinados en un lugar próximo a La Camella (La Tahona) –un médico, un maestro y su mujer, vecinos de Arico, que fueron secuestrados en el contexto represivo de la Guerra Civil–, y a los que se supone fueron tirados a pozos o ejecutados en la zona de Guaza.

La muerte por accidente no suscita ningún problema con la Iglesia a la hora de aplicar el ritual funerario. Pensemos que en unas islas con fuertes pendientes, sajada por grandes barrancos era necesario tener una gran pericia para no despeñarse o "enriscarse", caso de los cabreros que trataban de rescatar una cabra o cabrito que, en busca de hierba, se encaramaba a lugares abruptos, o de los campesinos que construyeron bancales en lugares casi

Homenaje a los asesinados en el Barranco de La Tahona (La Camella) en el contexto de la Guerra Civil.

inaccesibles (Roque del Conde, Roque de Jama). Pero, es más, el simple tránsito por caminos serpenteantes, haciendo equilibrios con animales de carga, suponía un gran riesgo, como lo era el atravesar Las Cañadas en invierno, recordemos que en 1801 habían muerto congeladas 9 personas que se dirigían desde La Orotava a Vilaflor[224], y en 1869 con motivo de la solicitud de creación de un nuevo partido judicial, que tuviera su sede en Adeje, se alegan además de las dificultades del viaje desde los pueblos del sur y oeste de la Isla a La Orotava y a Santa Cruz, la insalubre práctica de tener que conducir por caminos ásperos y arriesgados a los heridos, enfermos y cadáveres, ya en descomposición, al Juzgado de La Orotava, a fin de efectuar los correspondientes reconocimientos judiciales y facultativos, con la repugnancia que ello inspiraba y con el riesgo para la salud pública[225].

---

[224] PÉREZ BARRIOS, C.R.: *Las redes de comunicación terrestre en Arona (Tenerife). Precariedad viaria*, Ayuntamiento de Arona, Ed. Llanoazur, 2004, p. 20.

[225] Borrador de una representación del Ayuntamiento de Adeje para el arreglo de los partidos judiciales en la isla de Tenerife, BULL: provincial, agosto de 1869, Biblioteca ULL, veda.bbtk.ull.es.

Otras muertes podían ser fruto de las actividades profesionales, pensemos en los orchilleros que se colgaban para recoger este liquen, los canteros que se enfrentaban a posibles aplastamientos por la rotura de los bloques de piedra, los que en las profundidades de las cuevas extraían jable para las huertas, los que en las pendientes laderas construyeron atarjeas y acueductos para abastecer de agua a los vecinos y a los campos, y desde finales del siglo XIX los que murieron en desprendimientos o por los gases respirados en las galerías o los que murieron en la excavación de pozos de agua, caso de Juan Rodríguez Cano –marido de Dolores Melo Aponte, activista política en la II República– que murió en un accidente en el conocido como Pozo del Alemán (Jacob Ahlers) en El Mojón, o el accidente ocurrido en una galería de El Escobonal, donde murió atropellado por una vagoneta el aronero Domingo Rodríguez García, en concreto en una perforación que tenía la comunidad Saltadero de Sosa *"la referida galería tiene tendida, como es costumbre, una vía por la que circulan dos vagonetas y que son conducidas por obreros. La victima de este suceso, ocupando una de dichas vagonetas, emprendió viaje de salida desde el fondo hacia el exterior. Con un intervalo de unos treinta minutos salió en igual dirección, ocupada por otro obrero, la segunda vagoneta. Al parecer, Domingo Rodríguez había tenido la desgracia de caerse al suelo y fue alcanzado por la segunda vagoneta"*[226].

Muestra de capillas conmemorativas (Carretera de Arona a Los Cristianos).

[226] *Falange*, 5-0-1950.

La muerte por armas de fuego también la encontramos fuera del contexto bélico que marcó el siglo XX, pues, Antonio José Toledo Donate, residente en el Valle de San Lorenzo, murió a los 31 años en 1963, cuando estando pescando en la Playa de Troya fue confundido por la Guardia Civil con un contrabandista[227].

Todas estas muertes y las que vendrán como consecuencia de la llegada de los vehículos a motor, contarán con las indulgencias de la Iglesia, aunque al producirse una separación del alma y el cuerpo de forma abrupta existe el temor de que el alma quede penando por el lugar de la tragedia. En estos dolorosos trances los familiares levantan cruces o construyen microcapillas conmemorativas en el punto de la tragedia –en ellas se colocan velas y flores (naturales o artificiales)–, acudiendo al lugar con frecuencia para rezar por el alma del difunto y para reponer las flores. Además de facilitar el tránsito al más allá del difunto, algunos creían que con ello se prevenían futuras muertes, es decir, ahuyentaban la posibilidad de que un alma en pena pudiera atraer a más, pero, desde luego, lo que sí se conseguía era advertir del peligro del enclave, invitando a reducir la velocidad, a evitar adelantamientos, en definitiva, a tener cuidado.

En cierto modo estos espacios, marcados con una pequeña cruz o microcapilla funeraria, se han considerado sacralizados, por lo que los transeúntes solían persignarse en señal de respeto y orar por el descanso del finado. El origen de estas pequeñas capillas, probablemente, se remonte a los tiempos de Roma, cuando se colocaban tumbas a lo largo de las calzadas, y algunas simulaban pequeñas casas que se decoraban con flores u otros elementos, construcciones que respondían a la creencia de que si los muertos no eran debidamente cuidados, sus espíritus se aparecerían a los vivos, pudiendo causar daños, es decir, se trataba de ofrecer al espíritu una morada[228], lo que enlazará con las creencias cristianas.

La construcción de estas capillas conmemorativas ha ido decayendo, pero subsiste el respeto y consideración social hacia las que se conservan, por lo que, incluso en situaciones de trabajos en su entorno, se evita su profanación.

---

[227] *Canarias en Venezuela*, 16-6-1963.

[228] https://www.culturaclasica.com/cultura/creencias.htm.

Respeto a las capillas conmemorativas en obras realizadas con maquinaria mayor (El Mojón).

El comportamiento de las familias y de la sociedad en el caso de los suicidios es similar al de los accidentes, considerándose el lugar –cuevas, barrancos, charcas– como un espacio a respetar, pues se creía que el alma del fallecido vagaría sin descanso por no poder encontrar el camino al otro mundo, de ahí que se levantasen también cruces o capillas, en un llamamiento a la oración de los que pasan.

En la jurisdicción de Arona, lugares especialmente peligrosos en el pasado fueron las montañas, en particular el Roque del Conde, el Roque Igara, el Roque Jama, el Risco de Los Cristianos, y los barrancos, caso del de Chija o el del Rey y, por supuesto, las carreteras (bajada de la Centinela, Malpaso, Carretera de La Camella a Los Cristianos), sumándose en los últimos tiempos la Carretera de Las Galletas o la Autopista, lugares todos en los que la repetición de accidentes permite hablar de puntos negros, unas veces por tratarse de curvas muy pronunciadas, por ser rectas que propician el aumento de la velocidad, etc. Conmoción social provocan los accidentes que afectan a jóvenes, y esos luctuosos sucesos quedan reflejados, en ocasiones, no solo en las cruces del lugar del accidente, sino en las calles, por ejemplo, las denominadas Juan

Carlos Darias y San Ismael (Ismael Hernández Pérez) fueron rotuladas en recuerdo de dos jóvenes muertos en sendos accidentes de tráfico.

Pese a la escasa densidad de tráfico en buena parte del siglo XX, la falta de alumbrado público, la impericia de los conductores y la irresponsabilidad de los peatones, se ha traducido en atropellos con final trágico (en Los Cristianos, Valle de San Lorenzo, ...), pero también la imprudencia e irreflexión ha provocado accidentes inexplicables, como ocurrió con la muerte de una pasajera al intentar apearse de una guagua en marcha.

Los estanques y charcas, construidos a raíz de los múltiples alumbramientos de agua y de la extensión de los cultivos especulativos, se convirtieron en lugares de peligro, máxime cuando estos depósitos se situaban a ras de tierra o con muros muy pequeños. Sin duda, en ocasiones sirvieron para el suicidio, pero la mayoría de las veces la muerte responderá a simples accidentes, provocados unas veces por la práctica de bañarse en ellos, sin saber nadar o sin conocer la densidad del agua. A veces estos accidentes eran consecuencia de un intento de atrapar las palomas que bebían en ellas, en tiempos donde el hambre obligaba a agudizar el ingenio para alimentarse. Uno de los espacios más peligroso en Arona fue el de Los Toscales, pues se agrupaban distintos estanques en los márgenes del camino.

Capilla en la Carretera General del Sur, a la altura de La Florida.

La tipología de estas estaciones funerarias populares es variada, van desde una simple cruz de madera, inserta en un guardarraíl, en un árbol o sostenidas sobre una base de cemento, hasta edificaciones que replican las formas de las capillas o de las casas pero a pequeña escala. El tamaño medio ronda los 50-70 centímetros, aproximadamente, con una pequeña puerta, que suele ser circular, y cubierta con techo a dos aguas o de forma abovedada, están encaladas o pintadas de blanco, por lo que se divisan en la distancia. En ocasiones simulan pequeñas casas con inclusión de la cubierta de teja. Su ubicación muchas veces muestra el antiguo trazado que tuvo la carretera, con más curvas en origen, apreciable claramente desde El Mojón a la Autopista (trazado de la antigua Carretera de Arona-Los Cristianos).

El mar con frecuencia deja su huella fúnebre, unas veces afectando a pescadores y otras a deportistas o a simples bañistas. Las corrientes, el desconocimiento de las costas, la temeridad de algunos al bañarse en lugares o en momentos de gran peligrosidad han provocado y provocan dolorosos accidentes. Un ejemplo es el sufrido por el submarinista Juan José Benítez Castilla, el 20 de noviembre de 1975, junto a François de Rouboix en la Cueva de Los Camarones, en Rasca o Palm Mar. Juan Benítez era campeón de España y de Canarias de submarinismo e instructor nacional de buceo y se afincó en Los Cristianos en 1971, donde montó un club de inmersión, filiar del Centre International de Plongée, fundado por Jacques Cousteau. Se ganó el respeto y cariño de los vecinos con su labor medioambiental, actuando con frecuencia como fotógrafo submarino de la fauna local. En la inmersión que le costó la vida le acompañaba François de Roubaix, reconocido músico en Francia y amigo del citado Jacques Cousteau.

A lo largo del tiempo se ha llorado el suceso y especialmente la pérdida de Juan Benítez, concretándose ese recuerdo en una inmersión para depositar un ramo de flores en el lugar de la tragedia. Esta práctica con los años ha adquirido caracteres de tradición, encuadrándose la ofrenda en los actos festivos de Los Cristianos. La colocación en el lugar de una talla de la Virgen del Carmen, patrona de la Iglesia de Los Cristianos, y la creación de la Asociación Mundo del Silencio, dedicada a la protección del entorno marino, han favorecido la consolidación de esta ofrenda floral. Los amigos de la Asociación, en 2025, partieron de los puertos de Los Cristianos y de Las Galletas y se dirigieron a la Cueva de los Camarones (conocida también como Cueva de Juanito), frente a los acantilados de Guaza. A 30 metros de profundidad se realizó la ceremonia, que ha contado en algunos años incluso con la presencia de algún párroco que bendice el lugar. Por tanto, este punto trágico ha logrado aunar varios objetivos: mantener la memoria de lo ocurrido, velando por el descanso eterno de los allí fallecidos, advertir de la peligrosidad de la cueva, rendir homenaje a la Virgen del Carmen como protectora de marinos y pescadores y, por último, visibilizar el compromiso medioambiental, al promover la Asociación valores de protección del entorno submarino, conectando a la ciudadanía con el mar desde una perspectiva responsable, idea que continúa la línea marcada por los allí fallecidos[229].

Las catástrofes no son frecuentes, pero en ocasiones han tenido consecuencias mortales, y en el Sur de Tenerife algunas han sido de gran impacto. El dolor se ha dejado sentir tanto cuando la muerte afecta a una persona como

---

[229] *La Vanguardia*, 18-11-2015, https://www.lavanguardia.com; *Digital Canal 4 Tenerife*, 7-9-2025, https://www.canal4tenerife.tv.)

cuando las víctimas son varias. En el primer supuesto podemos recordar la muerte de Antonia García al incendiarse en el siglo XX su casa en el Valle de San Lorenzo, y en el segundo tenemos que recordar el derrumbe de la galería del ex Convento franciscano de Granadilla, el 3 de febrero de 1963, suceso que conmocionó a la sociedad isleña. Se concentraban en el edificio más de mil personas que acudían a sacar el D.N.I., y el pánico al ceder la galería superior provocó una avalancha, causando 24 muertes y más de cien heridos. Algunas vecinas de Arona fueron víctimas de este suceso, en concreto, Soledad González Cruz, Rosa Quintero García y Guadalupe Domínguez González, residentes en Los Cristianos[230]. El suceso, una de las tragedias civiles más graves ocurridas en la Isla, tanto por las víctimas mortales como por el número de heridos, permanece en la memoria colectiva comarcal, no en vano se calcula en más de 20.000 personas las que acompañaron en el sepelio, recordando una placa conmemorativa situada en el claustro del ex Convento a las víctimas mortales.

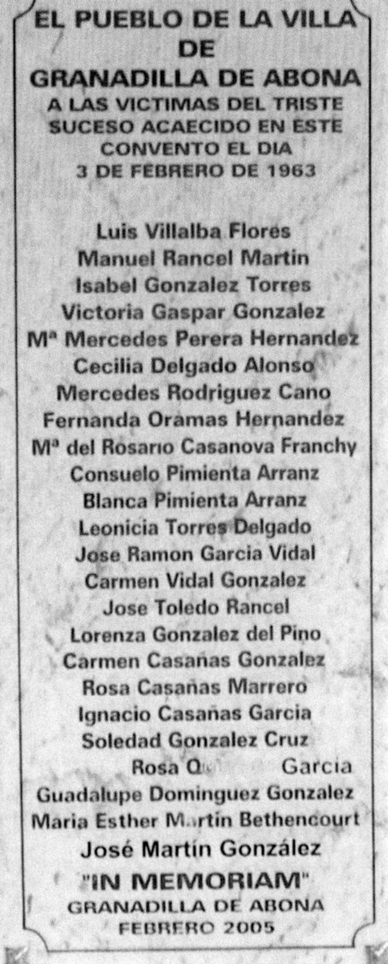

Lápida conmemorativa.

[230] *Canarias en Venezuela*, nº 52, 1963; *Diario de Avisos*, 4-2-1963; *El Día*, 4-2-1963; *El Día*, 4-2-2023.

Entierro de víctimas del Convento de Granadilla.

Otra catástrofe de impacto fue la ocurrida el 14 de abril de 2016 en Los Cristianos, donde un edificio de apartamentos colapsó, con el resultado trágico de 7 muertos. La tragedia ha sido recordada por los vecinos con distintas iniciativas, por ejemplo, el taller de pintura del Patronato Municipal de Cultura, bajo la coordinación de la artista Carmen Díaz, y con la colaboración del área de Promoción Económica, llevaron a cabo la ejecución de un mural en la pared de cierre del solar, en la Calle Amalia Alayón. En un gran fondo azul, que simboliza el sol y el mar de Los Cristianos, se representan 7 soles con los nombres de los fallecidos. En 2025 otro mural, realizado por los hermanos Carlos y Raúl Ortega, trata de ofrecer otra cara al lugar de la tragedia, representando una panorámica de Los Cristianos, visto desde el mar[231].

Los asesinatos se han asociado a la idea de "mala muerte", pues la mentalidad popular solía relacionarlos con las maldiciones o castigos por actos pecaminosos contra Dios, salvo que éstos fueran producto de la defensa de la religión o de la comunidad –mártires y héroes–, de ahí que el cristianismo encomiende actuar conforme a la doctrina, evitando tentaciones durante la vida y en el momento final.

[231] *Sol del Sur,* 30-7-2016, 10-2-2025.

Restos del edificio que colapsó en Los Cristianos en 2016.

Murales que rinden homenaje a las víctimas.

El suicidio, como hemos dicho, también se consideraba "mala muerte", pues desde una visión cristiana solo Dios puede dar o quitar la vida. El suicida, por tanto, se consideraba indigno y por ello el sepelio no podía acompañarse de los ritos sagrados, ni reposar sus restos en un camposanto. De ahí que, con frecuencia, el suicidio se llevase a cabo en forma que permitiera la posibilidad de enmascararlo, "despeñado", "enriscado" "ahogado", intentando las familias abordarlos como accidentes o dando por sentado el arrepentimiento del último momento.

Las causas que llevan al suicidio pueden ser muy diversas: enfermedades muy dolorosas, el repudio social –mujeres deshonradas–, desengaños amorosos, ruinas económicas y, por supuesto, las enfermedades mentales. Desconocemos dónde se les enterraba en el tiempo en el que las inhumaciones se hacían en la Iglesia, ya fuera en Vilaflor o Arona, suponemos que en alguna zona aledaña, no bendecida, o en el extramuro del Convento, y ello pese a la compasión vecinal hacia las almas condenadas al infierno.

Con la creación de los cementerios este punto será motivo de confrontación entre la Iglesia y las municipalidades, pues mientras que la Iglesia entendía que la necrópolis era un espacio sacralizado, la administración pública defendía que se trataba de recintos civiles, construidos con las prestaciones de los vecinos y que, por tanto, no podía negarse el enterramiento a nadie, independientemente de la causa de la muerte o de las creencias religiosas. Pero lo cierto es que una R.O. de 18 de marzo de 1861 reconocía expresamente que los párrocos debían tener las llaves de los cementerios, estuvieran o no construidos con fondos municipales, aunque debían franquearlas siempre que las solicitaran las autoridades locales[232], es más, en el de Arona, como vimos páginas atrás, se contrató la ampliación del cementerio viejo para acoger a los que murieran fuera del catolicismo, y en el Santa Salomé se mantuvo la "cherche", hasta avanzada la segunda mitad del siglo XX, aunque en ocasiones se esquivó el enterramiento en ella gracias a la avenencia del párroco de turno, como ocurrió en el entierro de algún vecino muerto en pecado mortal según la Iglesia.

Doloroso resultaba el tener que enterrar fuera del recinto sagrado a los niños muertos sin bautizar, a los que se denominaban "duendes", según recogía Bethencourt Alfonso para principios del siglo XX[233].

[232] FERNÁNDEZ HIDALGO, M.C., GARCÍA RUIPÉREZ, M.: "Los cementerios. Competencias municipales..., p. 61.
[233] BETHENCOURT ALFONSO, J.: *Costumbres populares Canarias de Nacimientos...*

En el caso de epidemias, las víctimas, pese al riesgo de contagio –epidemia del cólera en 1893, que afectó gravemente al Valle de San Lorenzo, y epidemia de gripe de 1918–, se enterraron en el cementerio viejo, aunque se tomaron las medidas profilácticas recomendadas en la época para disminuir el riesgo, como se hizo con la reciente pandemia del covid (2020-21), donde tras los primeros meses "estado de alarme" –en los que las familias no pudieron acompañar a sus difuntos– se puso en marcha un protocolo que trataba de evitar nuevos contagios y que permitía honrar a los difuntos con el debido respeto: se reguló la asistencia a los lugares de culto y a las ceremonias fúnebres, con medidas que evitaban aglomeraciones, es decir, tendría que haber un metro de distancia ente los asistentes; los familiares del difuntos debían guardar una cuarentena en sus casas hasta estar seguros de no estar contagiados; se prohibieron los velatorios y las prácticas de tanatoestética que implicasen la invasión del cuerpo del difunto[234].

[234] Real Decreto 463/2020, de 14 de marzo, por el que se declara el estado de alarma para la gestión de la situación de crisis sanitaria ocasionada por el COVID-19, *BOE*, 30-3-2020.

OTRAS PRÁCTICAS Y ELEMENTOS EN LA RITUALIDAD FÚNEBRE DEL SIGLO XIX AL XXI

En el tránsito del siglo XIX al XX pervivía en la sociedad y en la memoria de los mayores las tradiciones funerarias de antaño, siendo una de las preocupaciones el "bien morir", por un lado, por el miedo al sufrimiento y, por otro, por la salvación del alma. Este último temor había supuesto una fuente de financiación para el clero, así lo reflejan testimonios recogidos en Arona y en San Miguel, que cuentan como los frailes y los curas, cuando se sabía que alguien iba a morir, se colocaban a su vera y lo exhortaban a dejar fincas a la Iglesia o al Convento *"para que murieran bien"*, y con el mismo fin cada semana salía un fraile con uno o dos burros pidiendo por las puertas. Complementaría esta información la recogida en San Miguel referente a que las personas respetables por su edad y por sus condiciones solían "ayudar a bien morir".

Respecto al sufrimiento físico, podrían ser extensibles a la comarca chasnera las prácticas que se recogían en Taucho (Adeje) respecto a los moribundos que estaban sufriendo: se les acostaba del lado izquierdo y se les instaba a que pidieran perdón a las personas que habían agraviado. Cumplido esto, afirmaban, que el moribundo fallecía pronto y tranquilo[235].

En cuanto al sepelio la realización de pausas se mantuvo durante buena parte del siglo XX, y como antaño seguían mostrando las diferencias socioeconómicas existentes incluso en la muerte. Recuerdan algunos informantes la realización de cuatro pausas en Arona: en la puerta de la Iglesia, en la escalinata del paseo grande, en el Cementerio Viejo y en el Santa Salomé. Cuando terminaba la ceremonia religiosa, el cura acompañaba a los más pobres hasta la puerta de la Iglesia, servicio que era gratis, las otras pausas y rezos dependían de la economía de la familia, pero en general eran muy pocos los acompañados hasta el cementerio de la Montaña Fría, pues era muy costoso. En el caso de los más ricos, el sacerdote incluso los iba a buscar a su casa

[235] BETHENCOURT ALFONSO, J.: *Costumbres populares Canarias de Nacimientos...* pp. 255, 257.

(mortuoria), dirigiéndose al salir de la Iglesia hacia el cementerio Santa Salomé[236]. En los últimos tiempos la compañía del párroco se reduce al trayecto existente entre la cripta y el templo, despidiendo la comitiva en la puerta de la Iglesia, con la excepción de la cripta del cementerio Santa Salomé en la que tras el responso abreviado del párroco se procede a la inhumación.

La muerte entraña muchos más aspectos de los abordados hasta aquí, desde elementos que se han convertido en imprescindibles, hasta una ritualidad o costumbrismo heredero del pasado, sin olvidar las vertientes mágicas o misteriosas que se mueven en torno a la muerte.

El ataúd y la funeraria

La inhumación, ya fuera individual o colectiva, es una práctica utilizada desde el paleolítico, con ella el individuo se fusionaba con la madre tierra, es decir, se reintegraba a la naturaleza, y este principio fue asumido por el cristianismo, como recoge el Antiguo Testamento *"Comerás el pan con sudor de tu frente, hasta que vuelvas a la tierra, porque de ella fuiste sacado; pues eres polvo y al polvo volverás"*[237], aunque irán incorporando la mortaja y el ataúd como envoltorio y el sepulcro como coraza donde grabar inscripciones[238].

Los primitivos cristianos se enterraban, como Cristo, en un sudario o sábana blanca, en cuevas o catacumbas, pero paulatinamente se irán imponiendo otros modelos, como, por ejemplo, los sarcófagos de piedra, reservados para las personas acaudaladas, modelos que podemos encontrar en algunos cementerios de la comarca (San Miguel, Adeje, ...).

Los términos de caja, cajón, ataúd o féretro se utilizan actualmente como sinónimos, pero aunque todos son de madera, el último se diferencia de los tres primeros por su mayor ostentación y por tener una pequeña ventana por la que se ve el rostro del difunto. El ataúd tiene un destinatario más humilde, se trata de una simple caja de madera, a veces de forma hexagonal (3 lados en la cabecera), con una tapa que cubre totalmente el cuerpo.

La caja o cajón del común, como la que hasta los años sesenta de la pasada centuria se conservó en la capilla del Cementerio Viejo, era muy sencilla, con forma rectangular, pintada de negro y dotada de angarillas para su transporte. También detrás de la sacristía de Arona existían dos cajas mas, usándose una

[236] Información de Manuel Barrios Rodríguez.
[237] Génesis 3.19, Sagrada Biblia, Biblioteca de Autores Cristianos, Madrid, 2013, p. 10.
[238] MARÍN FERNÁNDEZ, E.: "Aspectos antropológicos del dolor...

de ellas el Día de Difuntos[239]. No obstante, el que podía costearse su propia caja lo hacía, normalmente con maderas ligeras, encargadas a profesionales de la zona.

Sobre los profesionales que fabricaban los ataúdes, podemos tomar de muestra los datos recogidos para el Valle de San Lorenzo, donde hasta mediados del siglo pasado el carpintero Daniel Hernández junto a su hijo Francisco y su sobrino José Delgado cubrían esta necesidad, no solo de los vecinos del barrio sino de los cercanos. Respecto al procedimiento de fábrica la información oral nos habla de que las cajas se hacían a medida, bien a ojo si se conocía al finado o utilizando el hilo carretero con el que la familia había medido al muerto, pues en esos tiempos la gente no tenía cintas métricas en sus casas. Se utilizaban maderas comunes, pero para los fondos se aprovechaba la madera de cajas de embalaje, dada su gran resistencia. El exterior de la caja se forraba con tela negra, tensada y ajustada con el uso de tachuelas. En la tapa se utilizaban aldabas laterales como cierre, y en la base se colocaban pequeños apoyos de madera, a fin de facilitar la labor de levantar la caja.

En las cajas de niños se utilizaba tela blanca, aterciopelada, y las tachuelas se disimulaban con galones dorados. Estas cajas, a veces, tenían agarraderas laterales, a fin de que pudieran ser transportadas por los niños del lugar. En la tapa del cajón se colocaba una pequeña cruz de color blanco, siendo negra la de los adultos[240].

En Arona (capital), tanto las cajas como las cruces se hacían en la carpintería de José (Pepe) Almeida, en la Calle Domínguez Alfonso. Utilizaba maderas de pino, cuyos árboles se bajaban con la ayuda de camellos desde Chimoche, lugar dónde se encontraban los de más calidad[241]. Pero, en general, todos los carpinteros debieron asumir en alguna ocasión este trabajo, por ejemplo, en los años veinte y treinta de la pasada centuria encontramos a Pedro García García, Mamerto González Mesa, Juan Sierra Martín, Jerónimo Morales Sierra, José Eulogio Martín Melo (Artistas), etcétera[242]. No era necesario estar en peligro de muerte para construir la caja, pues algunas personas las adquirían y las guardaban en cuevas cercanas hasta el momento en que las necesitaban.

[239] Información de Manuel Barrios Rodríguez.

[240] Información de José Delgado Hernández.

[241] Información de Manuel Barrios Rodríguez y Juan José Alayón Beltrán.

[242] BRITO, M., CHINEA OLIVA, M.M.: *Censo de la población de 31 de diciembre de 1920*, Ayuntamiento de Arona, Ed. Llanoazur, 2006; PÉREZ BARRIOS, C.R.: *Violencia en una sociedad de base agraria. El Sur de Tenerife en la década de 1930*, Ed. Llanoazur, Ayuntamientos de Adeje, San Miguel de Abona, Arona, Guía de Isora, 2020, p. 201.

Con el paso de los años se crearon establecimientos especializados en pompas fúnebres, es el caso del negocio de Jerónimo Melo (Morocho) en Arona, que primero lo tuvo en un local de la Fonda de Luisa Fumero, en la Calle del Calvario y, posteriormente, en la Calle Nueva. En el Valle de San Lorenzo, algunos vecinos empiezan a optar por los servicios de la funeraria de Granadilla, lo que abrió un nuevo campo de negocio, pues Juan Pérez o la Funerario Florentino introducirán a Virgilio Reyes en el negocio. La oferta de cajas –de tamaño estándar, pintadas y repujadas– se complementaba con el servicio de amortajamiento. El negocio se instaló en la Calle Nueva, junto a la zapatería, y a través de una puerta acristalada podía contemplarse el género, para regocijo morboso de los niños que a la salida de la misa de los domingos se entretenían contemplando tan curiosa exposición.

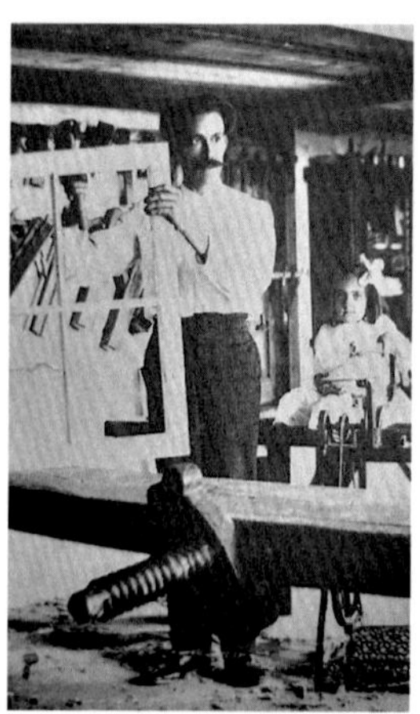

José Almeida Hernández (Arona).

José Martín Melo (Los Cristianos).

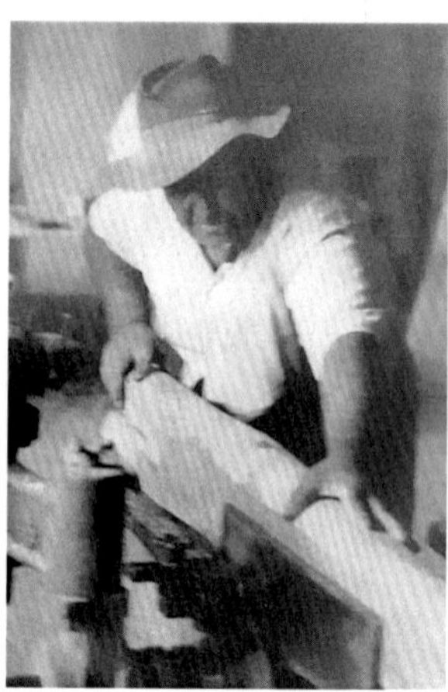

Daniel Delgado Hernández (Valle de San Lorenzo).

En Los Cristianos y Cabo Blanco funcionó la Funeraria Santa Ana, empresa de José González "Pepe el de la cal", que contó con locales en Los Cristianos y en la Carretera General de Cabo Blanco, ofreciendo incluso sala de velatorio. En las últimas décadas el negocio de las funerarias pasa a entidades más grandes y extramunicipales, que ofrecen sus servicios en toda la Isla, pero siguen localizándose firmas como Funcanarias, en Cabo Blanco.

La tipología de las cajas se irá enriqueciendo, pudiendo elegir entre la estándar, muy sencilla y con tapa continua, la medio estándar, con ventana que permite ver la cara del difunto, pero las mayores diferencias vienen dadas por el tipo de madera, el terminado interior, las agarraderas, etc.

Cómo trasladar la caja o ataúd ha sido siempre una cuestión relevante, lo más común, siguiendo la tradición, es que la familia, vecinos o amigos –de cuatro en cuatro– se encargaran de cargarla a hombros, turnándose de trecho en trecho para soportar el peso "cargar al muerto". Este remplazo antaño era imprescindible dada la distancia que había que recorrer, y constituía una muestra del espíritu comunitario, práctica que en los últimos tiempos se ha ido perdiendo (por la escasa asistencia de hombres a los sepelios, porque la gente que acompaña es muy mayor para este esfuerzo, o por la simple apatía y distanciamiento con que los sectores más jóvenes contemplan el ritual funerario).

Tradicionalmente el acompañamiento variaba según el nivel social del fallecido, es decir, si era una persona rica acudía prácticamente el pueblo entero, si era más humilde, salvo excepciones, le acompañaban los de su misma clase social[243], pero, en general, la mayoría del pueblo participaba en el velatorio, acompañaba en el sepelio o en las misas por el alma del difunto. En la actualidad resultan masivos aquellos entierros que tienen un marcado carácter violento o que afectan a niños, jóvenes o miembros destacados de colectivos profesionales, deportivos, etc.

Antiguamente se utilizaban animales para distancias largas, como nos consta se hacía en otras partes de las Islas, por ejemplo, los camellos, pudiendo utilizar carros en aquellos trayectos que la vía lo permitiera. En el recorrido solían existir descansaderos, consistentes en grandes piedras o pared, normalmente señalados con una cruz, donde se depositaba al difunto, pudiendo la comitiva recuperar fuerzas. En el Valle de San Lorenzo se recuerda el de La Cabezada, y tras la cuesta de Beña, se descansaba en Túnez, a los que otros testimonios se refieren como La Crucita o la Montañita del Ratón. La solidaridad de la población se concretaba en ofrecimiento de agua a la sedienta comitiva fúnebre, pues como ya apuntábamos páginas atrás, así ocurría en La Cabezada, en el Valle de San Lorenzo, cuando a la sombra de dos grandes sauces llorones se depositaba la caja en un descansadero[244].

Con la llegada de los primeros camiones, destinados al transporte de los cultivos de exportación, el traslado del fallecido al cementerio se hizo más fácil. Así, nos consta su uso para la zona de Las Galletas-Guaza y Los Cristianos, recordándose para el Valle de San Lorenzo, entre otros, el camión de José Bello Alayón, para mediados del siglo pasado: *"su camión hacía de "transporte funerario" hasta el mismo Cementerio de Arona, el motivo era que en esa época*

[243] Información de Manuel Barrios Rodríguez.
[244] Información de Pilina Delgado Hernández.

aún no había funerarias por estas latitudes, y por esa razón, a nuestros difuntos los teníamos que "despedir" de esa peculiar manera"[245].

La longitud del acompañamiento a pie ha ido variando con el tiempo, sin duda, como consecuencia de múltiples factores: la relajación en las costumbres tradicionales en torno al hecho fúnebre, el gran crecimiento poblacional que dificulta conocer a los fallecidos, el aumento del parque automovilístico que hace posible el acompañamiento de los más cercanos al difunto hasta el cementerio, etc. Si tomamos, como ejemplo, el Valle de San Lorenzo, vemos que en la actualidad el féretro es acompañado por la gente a pie hasta El Pinito, pero hasta mediados del siglo pasado era habitual que se llegara al final del pueblo, en las proximidades de El Cabo, y antes de la construcción de la Carretera General el entierro recorría el Camino de Chindia por la actual Calle del Barranco[246]. Al paso de la comitiva fúnebre lo habitual era que en signo de respeto se cerraran las puertas de los negocios, siendo el silencio, solo roto con algún lamento, el protagonista del ritual de despedida del fallecido.

Desde la segunda mitad del siglo XX, al tiempo que la economía va mejorando, como consecuencia del Plan de Estabilización y del despegue turístico del municipio, se van creando empresas especializadas en pompas fúnebres, que no solo ofrecerán ataúdes sino que ofertarán todo el servicio, incluido el transporte. Los vehículos utilizados a tal fin deben permitir la colocación de la caja sin problemas, con cabida para los arreglos florales y con medidas de seguridad que eviten desplazamientos indeseados. El color de estos vehículos normalmente es negro, aunque también se utilizan colores como el gris o el azul.

En cuanto a los arreglos florales con que se honra al difunto, lo más común es que en los entierros se utilicen las coronas, y en menor medida los centros y ramos. Con unos y otros se muestra el afecto hacia el difunto, y normalmente van acompañados de bandas que incluyen los datos del ofertante (hijos, nietos, esposo/a, amigos, entidades públicas o sociales). El aumento de las cremaciones ha reducido la inversión en flores.

---

[245] PLASENCIA, J.: "Don José Bello Alayón (camionero)", "como éramos y cómo somos", 2-6-2025, 28-9-2023, *Amigos del Valle San Lorenzo, facebook*.

[246] PLASENCIA, J.: "Cómo éramos y cómo somos", 28-9-2023, *Amigos del Valle San Lorenzo, facebook*.

El velatorio

Aunque la construcción del primer cementerio data del siglo XIX y, sin duda, fue el principal proyecto civil de su tiempo, el tema del velatorio también preocupó.

Tradicionalmente y hasta las últimas décadas del siglo XX, cuando se impone la construcción de tanatorios (criptas) en los distintos núcleos poblacionales del municipio, el velatorio era un acto realizado en el hogar del difunto. Si unimos los datos recogidos por la historiografía y la información oral aún conservada, podíamos describir el proceso: una vez fallecida la persona, se procedía a amortajarla, labor que era realizada por algún miembro de la familia o por una persona de confianza. El proceso consistía en mejorar la apariencia del difunto, tratando de minimizar las muecas de un tránsito doloroso o evitar la secreción de líquidos (cerrar los ojos, tapar los orificios del rostro, cerrar la quijada con vendas, cortar la circulación en brazos y piernas con vendas, cubrirlo con una sábana o con la ropa que se hubiera dispuesto para ello). La colocación de los brazos variaba, pues en unos casos podían extenderse a lo largo del cuerpo, y en otras ocasiones se colocaban sobre el pecho. El cadáver, en su caja, se depositaba sobre una mesa, con los pies hacia la puerta. En la cabecera se colocaba un crucifijo, elemento que muchas familias poseían, y se encendían luces, dependiendo la cantidad de las posibilidades económicas de la familia o de lo que marcaran los estatutos de la hermandad o cofradía a la que perteneciera el difunto. La familia más cercana no abandonaba el velatorio hasta el momento de conducirlo a la Iglesia-cementerio[247].

Calvario privado que se usó en los velatorios familiares.

[247] GALVÁN TUDELA, J.A.: "Etnografía de la muerte en Canarias..., p. 126.

Respecto al velatorio de los niños, nos remitimos a lo recogido por Bethencourt Alfonso para los denominados "angelitos", aplicable a todas las Islas. En ellos se bailaba y se celebraba, *"se amortajaba el niño y colocado sobre una mesa en la habitación más espaciosa de la casa, se reúnen en el referido local los padres, padrinos, familiares y vecinos para festejar el suceso con el baile de los muertos"*. Se bebía aguardiente o vino, se tocaban instrumentos musicales y el padrino siguiendo el ritmo llevaba en brazos el cadáver del ahijado por la sala y luego lo entregaba a la madrina para que hiciera lo mismo. Depositado el cuerpo nuevamente sobre la mesa, los asistentes comenzaban a darle recados, uno tras otro se acercaban al cadáver y le prendían con alfileres en la ropa alguna flor, trocito de tela o cinta, como señal para que el "angelito" recordara el encargo y lo trasladara a los seres queridos que moraban en el cielo, estos mensajes solían ser para que intermediaran con Dios por la salud, la cosecha, etc. Por tanto, en tierras chasneras se creía que los niños fallecidos rogaban en el cielo por su familia, y se decía que si de unos mismos padres morían 7, la familia tendría un coro de ángeles y la salvación de los padres estaría asegurada[248]. No obstante, los testimonios orales a los que hemos accedido no recuerdan estas prácticas recogidas por Bethencourt Alfonso.

En las largas horas que duraba el velatorio, los asistentes eran agasajados con algunas viandas: café, chocolate, caldo de gallina, galletas, dulces, etc., o bebidas más fuertes para hacer frente al frío de la noche (anís para las mujeres y caña para los hombres), sin olvidar infusiones de efectos tranquilizantes como la tila, la sandara, la ruda o la valeriana. Si los posibles de la familia no permitían estos gastos, siempre había alguna vecina que se solidarizaba y los facilitaba, costumbre que, parcialmente, ha subsistido hasta la actualidad. También después de la misa de duelo el acompañamiento solía ir a casa de los dolientes donde se les brindaba un "trago"[249].

En cuanto al papel que asumían las mujeres se señala, para principios del siglo XX, que eran ellas las que mayoritariamente asistían a las misas de difuntos, y era costumbre que las que acompañaban a la apenada familia lloraran a gritos, a coro, en el momento de sacar el cadáver de la casa habitación para dirigirse a la Iglesia. El ritual incluía desfallecimientos, la combinación de lamentos y alabanzas a las bondades del difunto, las rogativas al cielo e incluso los mensajes para que el difunto los transmitiera a otros fallecidos[250].

---

248 BETHENCOURT ALFONSO, J.: *Costumbres populares Canarias de Nacimientos...*, p. 261.

249 SUÁREZ MORENO, F., MONGÓN GIL, J.M: *Proyecto educativo El Ciclo del...*; BETHENCOURT ALFONSO, J.: *Costumbres populares Canarias de Nacimientos...*; Información de Manuel Barrios Rodríguez.

250 BETHENCOURT ALFONSO, J.: *Costumbres populares Canarias de Nacimientos...*p. 274; SUÁREZ MORENO, F., MONGÓN GIL, J.M: *Proyecto educativo El Ciclo del...*

Hasta la actualidad las mujeres siguen acompañando al féretro, junto a los más afligidos de la familia, en la casa mortuoria o velatorio. Los hombres suelen permanecer fuera del recinto, tanto cuando se hacía en casas particulares como cuando se crean las "criptas" o tanatorios. Hasta tiempos relativamente recientes existían formas diferentes de expresar el dolor, pues las clases más altas lo hacían en un tenso silencio, con un llanto contenido, mientras que las más populares lo manifestaban a gritos.

Al estar Arona formada por distintos pagos, algunos muy lejanos –como también ocurría en Vilaflor en el pasado– la comitiva fúnebre llegaba a la Iglesia de Arona o al cementerio extenuada, y era difícil hacer coincidir la llegada del difunto con el horario adecuado para realizar las exequias, por lo que el cuerpo debía permanecer en la Iglesia hasta el día siguiente, espacio que no permitía acoger en las debidas condiciones a los familiares y acompañantes. Por ello se planteó la necesidad de construir una casa mortuoria, así, el Ayuntamiento de Arona el 11 de febrero de 1855 acordaba abrir un expediente para esta construcción, a cuyo efecto se pidió a los peritos en mampostería y carpintería Manuel Lecuona y Antonio Fumero un presupuesto para una capilla de cinco varas de largo y con el ancho que fuese preciso, obra que sería sufragada por medio de repartimiento vecinal.

En la década de los ochenta de la pasada centuria empieza a impulsarse la construcción de este tipo de infraestructuras, así, por ejemplo, se compraba en 1989 un solar de 167 m² en el Valle de San Lorenzo a José Páez Sierra para construir una sala de velatorio; otra se abrirá en Los Cristianos, aprovechando la planta sótano de la Iglesia reedificada; al tanatorio situado en el Cementerio se sumará otro en el mismo pueblo de Arona, habilitándose similares instalaciones en los distintos barrios: Cabo Blanco, Buzanada, La Camella, Las Galletas, etc. La nueva normativa sanitaria relativa a tanatorios lleva a la paulatina desaparición o adecuación de estas instalaciones.

En 2016 se hacía evidente la necesidad de planificar la mejora y modernización de las criptas, a fin de adaptarlas a la normativa existente. La mejora en los servicios fúnebres se subrayaba con la creación del primer tanatorio y crematorio del Sur de la Isla, de la mano de la empresa Mémora, y que se ubica en Parque la Reina (Cho)[251]. Estas infraestructuras son consecuencia del progresivo influjo de las costumbres urbanas, donde las familias van abandonado la función histórica de atender a sus muertos, depositando esta responsabilidad en manos de empresas. La casa ya no es un espacio de muerte, pues normalmente no se muere en la casa familiar, ni se realiza el velatorio entre

[251] *Digital Sur*, 28-3-2023.

sus paredes. El hospital y el tanatorio la han sustituido, convirtiéndose en modernos, eficaces y asépticos espacios de muerte. Incluso las tumbas y el cementerio van siendo eliminados como destinos últimos de los restos del fallecido, cuyas cenizas son frecuentemente esparcidas en anónimos lugares[252].

Es evidente que con la desaparición del velatorio en las casas particulares, y con el progresivo cierre de las criptas o tanatorios de barrio se gana en salubridad, pero, paralelamente se pierde en espíritu comunitario. No se sabe quién ha fallecido, cuándo ha fallecido, lo que resulta negativo sobre todo para la población mayor, pues al hecho de no tener acceso a internet (redes sociales), se le suma la casi desaparición de la prensa en papel, pero en el caso de tener conocimiento del fallecimiento de algún vecino, el acompañamiento se hace difícil por no tener medios para desplazarse al tanatorio de Parque la Reina.

El pésame

Es evidente que en tan tristes momentos poco puede decirse que consuele realmente a los dolientes, aunque el sufrimiento por la muerte puede variar, dependiendo de la edad, del padecimiento que haya tenido el difunto, del tipo de muerte o de la relación de cercanía que pudieran tener con él los familiares. No obstante, como quiera que fuese, se terminan utilizando al ofrecer las condolencias expresiones que de forma breve trasladen el pesar por la pérdida, el aprecio y el afecto que sentían por el difunto, y la solidaridad con el doliente.

Esas expresiones o frases han variado a lo largo del tiempo, pues algunas fuentes indican que a los sufrientes se les decía "mucha vida". Así nos consta para Vilaflor, costumbre extensible a Arona, dado su calidad de antiguo pago de Vilaflor. Recogía Bethencourt Alfonso que el entierro era presidido por el Alcalde y el párroco, y una vez terminado, la comitiva se dirigía a la casa del muerto con el fin de ofrecer las condolencias a la familia. Todos guardaban un gran silencio mientras rezaba el cura, y luego se dirigían al cabeza de familia y personas más próximas al muerto, diciéndoles ¡Mucha vida!, a lo que los dolientes contestaban dando las gracias y así, de uno en uno, desfilaba todo el acompañamiento repitiendo la misma fórmula[253].

A lo largo del tiempo se han ido imponiendo otras expresiones, caso de "en paz descanse", "mi más sentido pésame", "mi pésame", "lo siento", "le acompaño en el sentimiento", "lamento tu (su) pérdida" , "le echaremos de menos",

[252] REQUENA JIMÉNEZ, M.: "La muerte en la antigua..., p. 72.
[253] BETHENCOURT ALFONSO, J.: *Costumbres populares Canarias de Nacimientos*...p. 267.

"resignación" "mis condolencias", sin olvidar, en los casos en que la muerte haya sucedido después de un prolongado padecimiento, la expresión "por fin está descansando", "por fin descansa", "Dios hizo una caridad". El patrón de condolencia cuando se tiene tiempo para compartir con el doliente comprende las consabidas frases de pésame, con muestras de simpatía y empatía con el apenado y se recurre a la religión para dar consuelo "la voluntad de Dios", con algún comentario sobre el futuro y el ensalzamiento de las virtudes del fallecido, terminando con un ofrecimiento de asistencia "lo que necesites", "ya sabes dónde estoy".

Cuando las mujeres no iban al entierro –a la Iglesia o al Cementerio– el pésame se les daba en sus casas. Pero, en general, ha sido la costumbre o tradición lo que determina en cada lugar el momento dónde la familia lo recibe: durante el velatorio y según va llegando la gente; en la puerta de la Iglesia al ser despedido el féretro; al final del acompañamiento a pie; en el cementerio una vez verificada la inhumación; en la misa funeral.

En el caso de no haber podido acompañar en el sepelio o en la misa de salida, y según la confianza existente con la familia, se acostumbraba ir a sus casas a dar el pésame, en caso contrario se les daría al encontrarlos en la calle, prácticas que muchas veces van desapareciendo porque el desmedido crecimiento de la población hace inviable conocer a todos los familiares, sin olvidar que la situación derivada del covid ha contribuido a relajar los hábitos de acompañamiento en tan luctuosos momentos, particularmente en los grupos de población más joven.

Otra forma de ofrecer las condolencias fue a través de cartas, misivas o tarjetas, aunque dado el analfabetismo, lo costoso de la fórmula y la falta de establecimientos que las ofertaran, esta práctica estaba reducida a un escaso número de personas, recibiéndose sobre todo de amistades residentes en el área capitalina. Frente a las fórmulas cortas que se utilizan al dar las condolencias verbales, en este caso se dedican algunas palabras más, pero el mensaje de pésame se reducía cuando iba inserto en una carta que tuviera otro objeto, por ejemplo, una carta de negocios[254].

Por escrito las fórmulas podían ser más espontáneas, aunque el propio hecho de la escritura exige un ejercicio de redacción precisa, de forma que la condolencia no resulte excesiva pero tampoco vana, por lo que muchos seguirán en líneas generales los patrones del pésame verbal.

[254] BELLO HERNÁNDEZ, I.: "La expresión de condolencias en cartas canarias del siglo XVIII", *Boletín de Filología*, nº 2, T. LVIIII, 2023, p. 275, 276.

Las tarjetas utilizadas eran de pequeño tamaño (10 x 5 cm., aproximadamente), y se adquirían expresamente para este fin, pues estaban bordeadas de color negro, en señal de luto. En la actualidad las redes sociales permiten trasladar el pésame a la familia del difunto, normalmente con mensajes cortos, con fórmulas repetitivas cuando no con simples stikets, signo de la nueva concepción del hecho mortuorio.

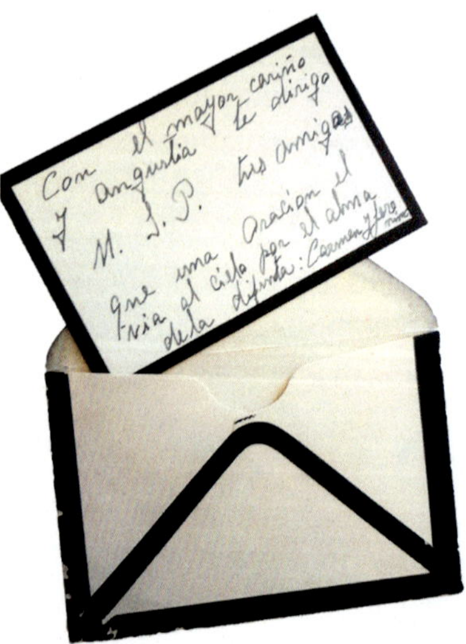

Muestra de sobres y tarjetas de pésame.

Si es infrecuente dar el pésame por escrito, mucho más lo es agradecer por carta el gesto. No obstante, contamos con alguna de estas tarjetas de agradecimiento que muestran su utilización por parte de algunas familias.

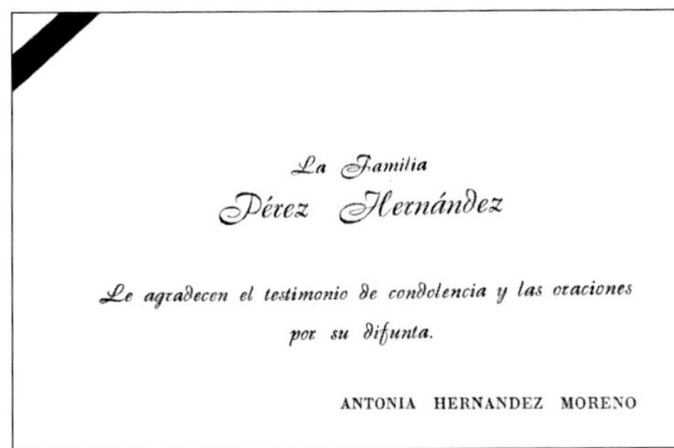
La Familia
Pérez Hernández
Le agradecen el testimonio de condolencia y las oraciones por su difunta.
ANTONIA HERNANDEZ MORENO

Tarjeta de agradecimiento.

La relevancia del personaje, en algún ámbito, puede hacer que distintas entidades públicas o privadas manifiesten su pésame públicamente a través de la prensa:

Pésame del Cabildo Insular: *"Se acordó testimoniar el pésame de la Corporación a los familiares de don Eduardo Domínguez Alfonso, primer presidente del Cabildo"*[255].

Y la misma prensa se hacía eco de cómo se había desarrollado el entierro de esos prohombres, como ocurrió con la muerte del Diputados y Senador Antonio Domínguez Alfonso, fallecido en Madrid en 1916:

"Se ha verificado el sepelio del Senador por esa provincia don Antonio Domínguez Alfonso, asistiendo una concurrencia extraordinaria, en la que figuraban altos personajes de la política, numerosos amigos particulares del finado, la colonia canaria y muchos literatos y periodistas.- Presidió el duelo el Sr. García Prieto, presidente de la Alta Cámara. Los periódicos publican retratos y extensas biografías del ilustre muerto"[256].

"El entierro de Domínguez Alfonso. A la hora señalada verificose el entierro del ilustre hijo de Tenerife D. Antonio Domínguez Alfonso.- El acto resultó imponentísimo. Asistió a él una numerosísima concurrencia.- Custodiaban el féretro los ujieres del Senado.- La presidencia del duelo la ocuparon el presidente de la

[255] *Gaceta de Tenerife*, 7-12-1923.
[256] *El Imparcial*, 30-12-1916.

Alta Cámara señor García Prieto, el ministro de Hacienda, un sobrino del finado y otras varias personalidades.- Toda la colonia canaria figuraba en el cortejo.- También asistieron los diputados y senadores de esas islas, y una gran multitud compuesta de diputados, senadores, varios significados políticos, periodistas, literatos y artistas.- Al cadáver diósele sepultura en el cementerio de la Almudena.

Necrologías: La prensa toda de esta Corte dedica sentidas necrologías al ilustre canario.- Todos recuerdan su honradez política y los relevantes servicios que en su larga vida prestó en los distintos puestos que ocupó.

Sentimiento público: En general, la muerte del Sr. Domínguez Alfonso ha sido muy sentida en esta corte.- La familia del finado está siendo visitadísima"[257].

Años más tarde encontramos en la prensa referencia a la muerte de Miguel Bello Rodríguez, uno de los grandes propietarios de Arona, personaje que destacó en la política local, *"En la localidad de Los Cristianos (Tenerife) ha fallecido repentinamente don Miguel Bello Rodríguez, persona de gran vinculación al progreso y desarrollo de las actividades agrícolas del sur de Tenerife, por lo que su óbito ha producido hondo y general pesar en los medios agrícolas tinerfeños y en particular en Santa Cruz de Tenerife. Sus restos mortales recibieron cristiana sepultura en el pueblo de Arona. Testimoniamos el pésame a sus hermanas, doña Petra y doña Juana"*[258].

La defunción de alguna persona importante por la trascendencia social, económica o política impulsa la publicación de panegíricos en su honor, como ocurrió en 2022 cuando muere uno de los promotores turísticos y empresario agrario más importante del municipio, nos referimos a Eduardo Domínguez Sierra, pudiendo leerse en el *Diario de Avisos* lo siguiente:

Era el líder de una familia muy conocida, apreciada y ligada al Sur de Tenerife.- En la madrugada del viernes falleció, en una clínica de la capital tinerfeña, el empresario Eduardo Domínguez Sierra, uno de los grandes creadores del nuevo Sur tinerfeño. Tenía 86 años.- Eduardo Domínguez, que era el líder de una familia muy conocida, apreciada y ligada al Sur de Tenerife, era el hijo menor de don Eugenio Domínguez Alfonso, el caballero sureño justo, ecuánime y enamorado de la agricultura, que supo crear esta familia ejemplar. Sus hijos, Eugenio, María, Antonia y Eduardo han fallecido, mientras que Guadalupe es hoy la única superviviente de los herederos de don Eugenio Domínguez Alfonso. Hombre tremendamente discreto, correcto y con un gran sentido del humor, mantuve con Eduardo una gran relación de amistad a lo largo de muchos años, por lo que lamento profundamente su fallecimiento.- Ha sido una muerte inesperada. Eduardo

[257] *El Progreso*, 30-12-1916.
[258] *El Eco de Canarias*, 9-10-1965.

Domínguez Sierra presidió durante muchos años la empresa familiar, San Eugenio, propietaria de un conglomerado turístico-inmobiliario muy importante. Desde hace algún tiempo había dejado la gestión de la empresa en manos de las generaciones más jóvenes.- Fue su familia una de las grandes impulsoras del Sur de Tenerife, tanto en el sector de la agricultura como en el turístico. Eduardo no quiso nunca participar en la política insular, como algunos de sus antepasados, y su pasión auténtica era el fútbol. Había refundado y presidido el Club Atlético Arona, costeándolo de su bolsillo durante años.- Estaba casado con María Teresa Jerez y el matrimonio tiene dos hijos, Eduardo y María. Se interesaba constantemente por los problemas del Sur y era un lector diario y eterno de este periódico, del que fue uno de los primeros accionistas, cuando salió a la luz en Tenerife en 1976, de la mano de su cuñado, Pedro Modesto Campos, esposo de su hermana Antonia.- De vez en cuando me llamaba para interesarse por temas que afectaban a la comarca: hospital del Sur, carreteras, industria hotelera. Había sido el impulsor del hotel de lujo Villa María, nombre puesto en honor de su madre, doña María Sierra, a la que adoraba. Se trata de uno de los mejores establecimientos hoteleros de la zona.- La noticia de su fallecimiento se extendió rápidamente por el Sur de Tenerife. La personalidad de Eduardo Domínguez, reitero, presidida por la discreción, la bonhomía y una gran inteligencia, despertaba en la zona mucho respeto. La pena por su desaparición está siendo evidente en todos los ámbitos. No quiso aceptar jamás los honores que le propusieron y su palabra era ley, siguiendo el ejemplo de su padre, un hombre honesto y cabal, tolerante y firme en sus convicciones morales, cualidades que adornaban la persona de don Eugenio Domínguez Alfonso.- Personalmente siento una gran tristeza por el fallecimiento de Eduardo. Sé lo que tienen que estar sufriendo su familia y sus amigos más cercanos porque deja un hueco difícil de llenar. La familia Domínguez, con amplio arraigo en el Sur de la isla, ha dado importantes hombres ilustres a la sociedad tinerfeña en los ámbitos de la política, la medicina, la agricultura y el acendrado amor por la isla de Tenerife.- Descanse en paz este gran hombre, cuyos restos mortales serán inhumados hoy sábado en el panteón familiar del cementerio de Arona; y reciba su familia, de manera especial su viuda y sus hijos, el testimonio más sincero de nuestra condolencia[259].

[259] *Diario de Avisos*, 25-11-2022.

A manera de elegía componía Gabriel Rancel los siguientes versos al apreciado cabrero Salvador González Alayón:

Una sonrisa por favor,
aunque las lágrimas broten
que no querrá don Salvador
caras tristes en su nombre.
El siempre nos regalaba
una sonrisa preciosa
porque por dentro llevaba
un alma limpia y hermosa.
Para poderlo definir
busqué este referente,
fue una persona diferente,
a mí me enseñó a vivir.
El respeto de la gente
el cariño, el amor,
dotes que don Salvador
siempre tenía presente.
Fue un sembrador de esperanza
cuando nos golpeaba la sequía,
recuerdo que él decía:
¡no hay que perder la confianza
no se preocupen por eso,
la lluvia vuelve enseguida
estamos bajo el mismo techo!
Y cuando la lluvia volvía
los campesinos contentos
¡cuánto se lo agradecían!
Fue grande y sin estudiar
lleno de sabiduría
y una memoria tenía,
que nadie le vio el final.
El siempre quiso marcar
huellas limpias por la vida,
si te notaba una herida
te la intentaba sanar.
Sabemos que está con Dios
para él no fue el final,
aunque sentimos dolor
¡una sonrisa, por favor,
para un amigo genial
que tantas nos regaló!

(**Alma limpia, sonrisa eterna**, en *A mi gente campesina. Anécdotas, recuerdos y poesía*)

Esquelas, recordatorios y versos

Si tradicionalmente la forma de dar a conocer un fallecimiento era a través del doblar de las campanas y del boca a boca, el progresivo desarrollo de la prensa abrirá otra vía de comunicación, pero este medio en principio estaba reducido a las personas que tuvieran alguna relevancia social, por lo que más que esquelas eran noticias de fallecimientos de personas destacadas, aunque también encontramos algunas noticias de personas que habían muerto en Santa Cruz. Ejemplos de estas noticias mortuorias son las siguientes:

"Defunciones: Wenceslao González Melo de Arona, 23 años, soltero. Hospital civil. Tuberculosis pulmonar"[260].

"Ha fallecido en Arona el ilustrado maestro de la Escuela pública de niños de aquel pueblo, D. Manuel Fumero Hernández.- Rogamos á Dios por el descanso eterno del alma del finado, á la vez que enviamos nuestro pésame á su dolorida familia"[261].

"D.E.P. ha fallecido en Arona la señora Dª Luisa González, tía de nuestro amigo el Sr. D. Juan Bethencourt y Alfonso, á quien, lo mismo que á la demás familia de la finada, enviamos nuestro pésame"[262].

"Ha fallecido en Arona, al frente de cuya parroquia se hallaba desde hace bastantes años, siendo muy estimado de sus convecinos, el virtuoso sacerdote, antiguo y querido amigo nuestro, Sr. D. Julio Mendoza. D.E.P."[263].

La costumbre de poner esquelas, por su costo, estaba reducida a personas pudientes. Sin embargo, a partir de la segunda mitad del siglo XX está práctica se va generalizando, contribuyendo a ello la contratación de seguros de decesos, que incluían la publicación de esquelas en uno o más periódicos de tirada insular, sin olvidar los programas de radio que dedicaban parte de sus contenidos a ofrecer necrológicas.

---

260 *El Progreso*, 3-9-1907.
261 *Gaceta de Tenerife*, 30-5-1912.
262 *Diario de Tenerife*, 11-5-1896.
263 *Diario de Tenerife*, 16-1-1912.

En cuanto a los recordatorios funerarios su uso es relativamente reciente. Son tarjetas y estampas que se confeccionan en recuerdo del difunto y que se entregan a las personas que acompañan a los dolientes en esos momentos difíciles. Cuando la muerte se producía fuera del país, la familia recibía la noticia de la muerte del emigrante a través de cartas, y a veces recibía el recordatorio que se había impreso, lo que ocurre, por ejemplo, con el que hace referencia de la muerte de Nicolás Pérez González, acaecida en Ciudad de la Plata, en Argentina, en 1947. El formato normalmente es rectangular, y con frecuencia tiene forma de díptico. El exterior suele contener imágenes religiosas, simbólicas, en definitiva, espirituales. En el interior puede acoger la foto del difunto o simplemente una cruz, ofreciéndose seguidamente los datos del fallecido: nombre y apellidos, familiares, fecha de nacimiento y de defunción. En la otra cara suele incluirse una oración por el alma del fallecido. Lo habitual es que sea la funeraria la que se encargue de su confección, a cuyo efecto tiene el servicio contratado con alguna imprenta.

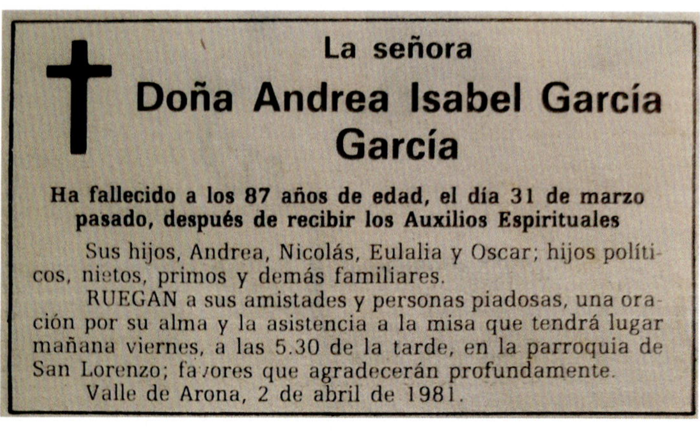

La señora

Doña Andrea Isabel García García

Ha fallecido a los 87 años de edad, el día 31 de marzo pasado, después de recibir los Auxilios Espirituales

Sus hijos, Andrea, Nicolás, Eulalia y Oscar; hijos políticos, nietos, primos y demás familiares.

RUEGAN a sus amistades y personas piadosas, una oración por su alma y la asistencia a la misa que tendrá lugar mañana viernes, a las 5.30 de la tarde, en la parroquia de San Lorenzo; favores que agradecerán profundamente.

Valle de Arona, 2 de abril de 1981.

Esquela de 1981.

Ilustración de recordatorios antiguos.

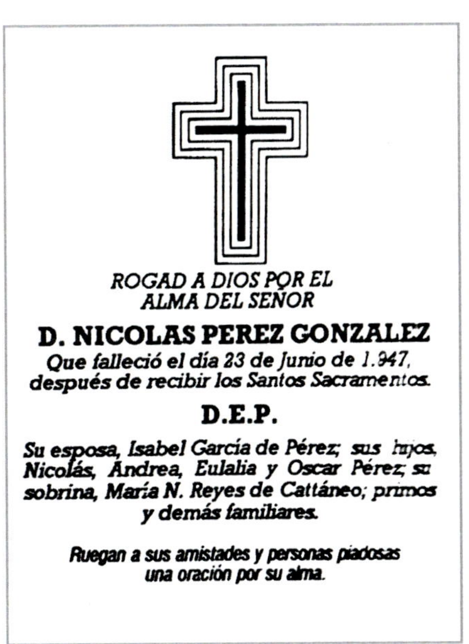

ROGAD A DIOS POR EL
ALMA DEL SEÑOR

D. NICOLAS PEREZ GONZALEZ
Que falleció el día 23 de Junio de 1.947,
después de recibir los Santos Sacramentos.

D.E.P.

Su esposa, Isabel García de Pérez; sus hijos, Nicolás, Andrea, Eulalia y Oscar Pérez; su sobrina, María N. Reyes de Cattáneo; primos y demás familiares.

Ruegan a sus amistades y personas piadosas una oración por su alma.

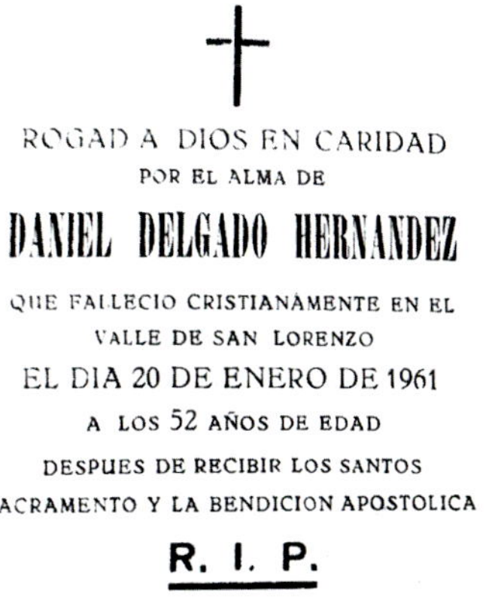

ROGAD A DIOS EN CARIDAD
POR EL ALMA DE

DANIEL DELGADO HERNANDEZ

QUE FALLECIO CRISTIANAMENTE EN EL
VALLE DE SAN LORENZO
EL DIA 20 DE ENERO DE 1961
A LOS 52 AÑOS DE EDAD
DESPUES DE RECIBIR LOS SANTOS
SACRAMENTO Y LA BENDICION APOSTOLICA

R. I. P.

Su afligida: esposa Dña. Petra García sus hijos Francisco y Mª. Antonia Delgado, hermanos Antonio, Marina, Carmen y Nicolás Delgado, hermanos políticos Concepción Pérez, Severiano Hernández, Francisco García y Josefina García, sobrinos primos y demás familiares, ruegan a sus amistades y personas piadosas una oración por su eterno descanso.

Muestra de recordatorios.

ROGAD A DIOS EN CARIDAD
POR EL ALMA DE LA SEÑORA

Doña María Dolores Tacoronte González

Que falleció en la Paz del Señor a los 19 años de edad, después de recibir los Santos Sacramentos y la Bendición Apostólica.

D. E. P.

Su esposo, don Luis González Masés; sus padres, don José Tacoronte Oramas y doña Herminia González Hernández; su padre político, don Luis González; sus hermanos, don Antonio, doña Herminia, doña Josefa, doña Antonia, doña Eulalia, don Juan, don Vicente, Rita Fátima y Miguel; sus hermanos políticos, don Miguel Hernández González, don Pablo Delgado Cabezas, don Luciano Fraga Hernández, don José Sierra García, doña Avelina León Viera, doña Elena Sánchez Murillo; sus tíos, don Eladio, don Manuel y doña María Masés; primos, sobrinos y demás familiares.

†

ROGAD A DIOS EN CARIDAD POR
EL ALMA DE LA SEÑORITA

JULIA TORRES GARCÍA

Que descansó en la paz del Señor, el día 10 de Septiembre de 1965, en el Valle San Lorenzo, a los 20 años de edad, después de recibir los Auxilios Espirituales y la Bendición Apostólica.

R. I. P.

Sus padres, Daniel Torres García y Felisa García Cejas; sus hermanas, Aurora, M.ª Dolores y Ofelia; hermanos políticos, Manuel García Delgado y Juan Melo Pérez; su abuela, sobrinos, primos y demás familiares, ruegan una oración por el eterno descanso de su alma.

ROGAD A DIOS EN CARIDAD POR
EL ALMA DE LA SEÑORA

Doña Dolores Rodríguez Cano

QUE FALLECIO EL DIA 1.° DE OCTUBRE DE 1.960

Habiendo recibido los Santos Sacramentos y la Bendición Apostólica.

D. E. P.

Su viudo Don Manuel Barrios García; hijos, Ramón, María, Carmen, Isabel, Juan y Manuel Barrios Rodríguez; hijos políticos, Luis Delgado, Oscar Pérez, Hortencia Melo y María Delgado; hermanos, hermanos políticos, nietos, sobrinos y demáas familiares.

Ruegan a Vd. eleve hasta Dios una oración por su alma.

ROGAD A DIOS EN CARIDAD POR EL ALMA DE

Don Juan Díaz Hernández

Que falleció en la Paz del Señor, el día 19 de Noviembre de 1.992, a los 69 años de edad, después de recibir los Santos Sacramentos y la Bendición Apostólica.

D. E. P.

Su esposa, Petra García Cuesta; hijos, Juan y Pilar Díaz García; hijos políticos, Ofelia González Delgado y Ramón Viera Rodríguez; hermanos José, Angel y Angela Díaz Hernández; hermano político, Domingo Oliva Rodríguez, nietos, sobrinos, primos y demás familiares.

RUEGAN a sus amistades y personas piadosas una oración por el eterno descanso de su alma.

Valle S. Lorenzo, Arona 19 de Nov. 1992

Muestra de recordatorios.

ORACION

Virgen Santísima de Candelaria
de todo corazón os suplicamos
pidas a vuestro divino hijo,
conceda la gloria a quien al
separarse de nosotros nos dejó
llenos de pena y desconsuelo.

No lloréis porque para vosotros
no he muerto, sé que me amáis
como si estuviera en la tierra
y yo os amo desde el Cielo.

No me busquéis en el sepulcro
sino en el Sagrario donde vive
quien puede y quiere resucitarme.

Muestra de Oraciones o jaculatorias en los recordatorios.

Sin duda, las prácticas funerarias han dejado huella en la memoria colectiva del pueblo, y su trascendencia ha quedado reflejada en la literatura. Por ejemplo, podemos recordar algunos versos compuestos por el escritor Juan José Delgado Hernández, cuando al rememorar su pueblo natal hace referencia a las costumbres funerarias:

UN VALLE, EL VALLE (En *Un espacio bajo el día*)

"A los sueños los alimenta la noche y la noche los agranda:
en el Valle, más allá de las doce, todos advierten que almas, copiadas de ayer,
vienen a traerles los trozos rotos de sus almas.

Y los perros ladran; si hay un muerto ladran los perros,
como si una sombra les pasara cerca con pasos de fantasma;
entonces se les erizan los pelos, y gimen, y ladran.

Al día siguiente pasa el entierro por la calle nueva,
es un muerto solo entre muchos vivos por su calle nueva,
el muerto a hombros de una muchedumbre desbordada de negro.
Pero no todo es montón de oscuro, de crisantemos turbios y esqueletos"

Sobre las prácticas fúnebres en la actualidad y sobre la tendencia crematoria, habla el poema de Ana Beltrán:

CUANDO YO MUERA (En *El aire que nos mueve*)

Cuando yo muera
y aún mi cuerpo esté presente,
no quiero ser expuesta
inerte en mi ataúd.
Quiero que un lienzo blanco
me cubra por entero;
No deseo que de mí se diga
si la muerte me sienta bien o mal.
No quiero maquillajes,
adonde voy no hay fiestas.
Que se haga el gasto en rosas,
si ya no las hubiese en el jardín.
Solo pétalos blancos
en mi sudario albo.
Después... ¡al viento las cenizas!
De rosas... y de mí.

También Gabriel Rancel nos deja un poema sobre el día de su partida:

CUANDO ME VAYA (En *A mi gente campesina. Anécdotas, recuerdos y poesía*)

A nadie le diré adiós
cuando me vaya
metido entre tablas,
en el vientre del caballo negro.
Las flores lo harán por mí
las flores al viento,
porque yo guardare silencio
saben que nunca fue así.
Oscuro atardecer sin sol
sin estrellas ni luna,
sin calor, sin luz ninguna
y muerto ya mi corazón.

A nadie le diré adiós,
comprendan, es que no puedo
¡maldito caballo negro!
que me lleva en su interior.
Me lleva porque no soy,
atrás queda lo que fui,
huellas que le dan el color
al camino que seguí.
Camino que cada quien
dirá: así fue Gabriel,
no fue así o así.
¡Ojalá que gane el bien!
aunque yo ya no esté aquí.

En verso narra Alfredo Almeida sus recuerdos del Día de Finados:

Por el día de difuntos
pasábamos por las casas
llevando para besarlo
el portapaz de plata.
Las gentes nos regalaban
frutos y productos del campo
también almendras y dulces
besándolo y deseándole la paz.
En la víspera de los difuntos
y en el coro de la Iglesia
pasábamos toda la noche
Doblando nuestras campanas.
Allí comíamos lo regalado
contábamos nuestras gestas
pasábamos mucho miedo
pero también bien resguardados.

(Alfredo Almcida, Facebook)

No menos ilustrativo del sentido de la vida y de los méritos para la salvación del alma, son los versos populares referidos a la muerte, caso del siguiente:

De este mundo llevarás
lo que comieres y bebieres,
las buenas obras que hicieres,
la mortaja,
y nada más.

(Jacobita Guillermina García Linares, 2005)

El luto

El luto en el cristianismo se vincula al negro, convirtiéndose en la manifestación externa del dolor, es decir, constituye una forma en la que los supervivientes lloran la pérdida, y se alejan en cierto modo del quehacer social, hasta que paulatinamente vuelven a reintegrarse a la sociedad. Desde el punto de vista del acompañamiento también era una forma de identificar a los dolientes, facilitando la tarea de dar el pésame. El tiempo de luto dependerá del lazo familiar que se tenga con el fallecido (5 años por la muerte de los maridos, ...).

Los hombres en señal de luto, cuando aún se usaba sombrero, lo llevaban con las alas caídas, además vestían de negro, portaban capa o capote negro, se dejaban crecer el cabello y la barba. Paulatinamente este riguroso luto se irá suavizando, reduciéndose a una chaqueta negra, a una corbata, a un brazalete y, a veces, se reducía a un botón negro cocido al bolsillo de la camisa o en la manga de la camisa.

El luto de las mujeres era muy severo, pues el negro cubría el cuerpo desde la cabeza a los pies: el pañuelo atado bajo el mentón cubría el pelo, vestido o saya negra, mantilla, medias, zapatos. Del luto se pasaba al alivio o al medio luto, lo que significaba el inicio de la reincorporación al mundo de los vivos[264].

Para mediados del siglo XX la información oral habla de un luto que dependía del status social. Por ejemplo, si se trataba de una viuda rica, ésta permanecía tres meses sin salir a la calle. El tiempo que iba enlutada era largo, pero menos que en las mujeres pobres. Era costumbre que el luto de las viudas durase hasta 7 años, por un padre el luto era total hasta un año, después se iba aliviando con el blanco (medio luto), que se prolongaba por largo

[264] GALVÁN TUDELA, J.A.: "Etnografía de la muerte en Canarias..., p. 129.

tiempo. Por los abuelos disminuía el tiempo, unos 6 meses, por los tíos cuatro meses y por los primos tres[265], aunque a este respecto la cuantificación varía según los recuerdos de los testigos, pues otros informantes hablan de que por un padre solía ser de 4 a 5 años, y después se suavizaba usando un mantito fino *"antes se ponían medias y nada de pantalones"*[266].

Dª Rosa González Bello y su nieta Andrea Pérez García (Valle de S. Lorenzo).

Dª Dolores Barbuzano Domínguez (Arona).

María García Cabeza (Buzanada).

Dª María Valentín (Valle de S. Lorenzo).

[265] Información de Manuel Barrios Rodríguez.

[266] Testimonios recogidos por alumnos de Historia del IES Granadilla de Abona.

Las clases más humildes no siempre estaban preparadas para afrontar un luto repentino, por lo que la solidaridad vecinal era fundamental, prestándose las prendas necesarias para el velatorio y el entierro. Esta dificultad era consecuencia de la falta de recursos para adquirir la ropa y de comercios textiles, por lo que hasta los años sesenta de la pasada centuria era habitual teñir la ropa de negro, *"Cuando moría alguien se venía el mundo abajo, (...) venga a teñir ropas negras y se veían los fogones tiñendo las ropas, y el luto sobre todo pañuelos atados hasta adelante que taparan todo, y que solo se vieran las manos y la cara, y las viudas muy rigurosas"*[267]. Para teñir se utilizaban pastillas de tinte, éstas se metían en un caldero con agua hirviendo y se revolvían hasta lograr que se diluyeran. Posteriormente el agua tintada se ponía en un barreño junto con la prenda a teñir, se removía bien y se dejaba de remojo toda la noche, al día siguiente se colgaba en el tendedero para su secado[268].

Las familias que podían trataban de tener una muda negra, por si en algún momento la necesitaban, pues este color se usaba también para acompañar en los entierros.

La apertura de comercios textiles en los distintos barrios facilitará el cubrir esta necesidad, pues permitían comprar para el duelo, entierro y misa de salida vestidos hechos, además de adquirir telas para confeccionar algunos más, labor que unas veces era realizada por las mujeres de la familia y, en otras, se encargaba a costureras. El ropero se ampliaba con vestidos de diario y de salida. La calidad de los tejidos no siempre era buena, generalizándose en la segunda mitad del siglo XX el tergal, un tejido de poliéster cuyo uso prolongado provocaba, a veces, problemas dermatológicos.

En los últimos tiempos el luto se ha ido relajando, pues a veces solo se viste de negro el día del entierro, o se utiliza alguna prenda durante algún tiempo. Este tema ha pasado a ser algo muy personal, cada afectado puede sentir y expresar el dolor y la tristeza de forma diferente, sin necesidad de recurrir a la vestimenta negra. Esta nueva concepción de la manifestación externa del dolor ante la muerte de un allegado, se traslada a la vida social, pues si bien no parece adecuado "estar de fiesta" tras el fallecimiento de una persona querida, no se entiende que deba privarse de eventos sociales vinculados con la cultura, el deporte, con reencuentros familiares o de amigos. En definitiva, se considera que "el dolor está en el interior" "el dolor está en el corazón", y bajo esa premisa es innecesario visibilizarlo.

[267] Información recogida por alumnos de Historia del IES Granadilla de Abona.
[268] Información de Manuel Barrios Rodríguez.

En caso de tragedias inesperadas, el duelo resulta difícil de superar, por lo que se busca apoyo espiritual y psicológico. Antiguamente la ayuda venía de manos de la religión, siendo el sacerdote, el encargado de ofrecer apoyo y consuelo. En la actualidad para superar o asumir la pérdida de seres queridos muchos se ven precisados a recurrir a la ayuda de psicólogos, recurriendo también al uso de fármacos.

Las campanas

Las campanas han jugado y juegan un papel destacado en el hecho fúnebre, pues conectan a la colectividad con la vivencia de la muerte. De hecho la administración del viático crea una escenografía en el que las campanas o campanillas eran elementos protagonistas. Así cuando un enfermo pedía el viatico, el párroco debía disponer que la campana grande tañera: si fuera para hombres 7 veces, si fuera para mujer 5, si fuera para sacerdotes 9, y si el acto fuera público, después de estos sonidos, se darían 3 repiques, a fin de que los miembros de la cofradía pudieran acompañar. El párroco en el recorrido a la casa del solicitante debía ir precedido de campanillas, cera y hachas, según las posibilidades de la Cofradía del Santo Sacramento. Durante el trayecto y hasta el regreso del sacerdote a la parroquia las campanas no debían cesar en su repique[269].

El toque de muerte o el doblar de campanas es un momento solemne que anuncia la muerte de una persona. Se trata de toques espaciados y graves, que invitan a la comunidad a rezar por el alma del difunto y a preparase para el funeral. Al sacar el cuerpo del difunto desde la casa mortuoria o cripta en dirección a la Iglesia el doblar de las campanas acompaña al cortejo fúnebre, como ocurre al salir de la Iglesia para dirigirse al cementerio o hacia el crematorio. Se le atribuyen a estos toques de campana una determinada simbología, es decir, con ellos se despide a la persona en ese viaje final que ha emprendido, a la vez que se pide a Dios por la salvación de su alma.

El sonido de las campanas tradicionalmente dependía de la maestría del campanero, que a través del número de toques, el ritmo y el tono creaban un lenguaje. Por ejemplo, lento y pausado correspondía a personas mayores, más rápido pero solemne significaba que la persona era más joven, y según el número de campanadas podía indicarse el género del fallecido[270]. Recuerdan los aroneros al campanero Jerónimo Melo (Morocho), y en el Valle de San Lorenzo a Martín Delgado García y a Sebastián Domínguez Blanco (Tanero),

[269] HERNÁNDEZ GONZÁLEZ, M.: *Enfermedad y muerte en...*, T. II, p. 47-48.

[270] El lenguaje de las campanas, https://sortem.es/2024/09/25/el-lenguaje-de-las-campanas/.

quienes junto a los monaguillos de turno trataban de "sacar música a las campanas"[271], ayudantes que también asumían esta labor en Los Cristianos, Las Galletas y otras iglesias más recientes.

En la actualidad la tradición del doblar de las campanas se sigue manteniendo, aunque el campanero haya sido sustituido por sistemas mecanizados. No obstante, el aumento de ruidos reduce su alcance y, por tanto, su función de comunicar al vecindario el fallecimiento de alguien, independientemente de que para garantizar el sueño y la tranquilidad del vecindario el tañer de las campanas se haya ido silenciando.

El Día de Difuntos o Finados. La salvación de las ánimas

Los testamentos permiten advertir desde el Antiguo Régimen la preocupación que tenía la sociedad aronera por la salvación de sus almas, pero también les preocupaba la de sus familiares fallecidos. Por ejemplo, en el testamento de Ángela de Medina, en 1673, se aprecia la diferencia que hacían del ser terrenal y mortal y del espiritual e inmortal *"mando mí ánima a Dios Nuestro señor, que la hizo, crió y redimió con sus preciosa sangre, y el cuerpo mando a la tierra de que fue formado"*[272].

Aunque los datos no son muy abundantes, se advierte en las obligaciones que contraen con la creación de capellanías la voluntad de cumplir con los deseos del testador y, particularmente, se aprecia cuando este junto a las misas por su alma encarga otras para sus familiares difuntos. Así, Agustina García Ratón, muerta en Arona en 1771, aunque no concreta nada sobre el lugar o cómo debía ser su entierro, sí se preocupa en señalar de sus escasos bienes lo que destinaba a misas. En concreto una suertita que tenía en El Malpaís, de almud y medio de puño, otra en El Castellano de unos 3 almudes con una huertita y el importe de otra en la Montañita del Ratón. Otros bienes los destina a 8 misas por sus padres y, además, declara que debía una misa a las Santas Ánimas[273].

Otras veces las ofrendas se hacían, en general, por las Benditas Ánimas, para que salieran del purgatorio, así ocurrió con Ángela Medina, citada líneas atrás, cuando señala en 1673 tres misas con este destino[274].

---

[271] PLASENCIA, J.: "Historias de nuestro barrio", 11-6-2025, *Amigos del Valle San Lorenzo, facebook.*

[272] DÍAZ FRÍAS, N.: *Testamentos aroneros (Siglos XVII y XVIII)...*, T. I, pp. 183-184.

[273] Ibídem, T. II, p. 584.

[274] Ibídem, T. I, pp. 183-184.

Referencia al Día de Finados la encontramos en el testamento del aronero Francisco Delgado, en 1765, pues mandaba se le pusieran sobre la sepultura, el primer Día de Difuntos después de su fallecimiento, dos candelones de media libra cada uno[275].

Al crearse la Iglesia de Arona los vecinos, como hemos recogido páginas atrás, trataron de adecuarla a la nueva categoría, dotándola de imágenes, de altares y de elementos litúrgicos. Uno de los benefactores fue Juan Sarabia, vecino de El Realejo, que donó un cuadro de Ánimas, regalo que se encuadra en el auge que después del siglo XVIII tuvieron este tipo de lienzo, como lo demuestra que existieran en Vilaflor, Granadilla, Arico, en la Ermita del Pino (Charco del Pino), etc., también en 1819 se inventarió un cajón perteneciente a la Cofradía de Ánimas, informándose en 1862 que el cuadro de Ánimas formaba parte de un altar lateral[276].

Según información oral el citado cuadro estuvo situado a la entrada de la Iglesia, al lado de la pila de agua bendita. Era de gran formato, de colores oscuros y con figuras espeluznantes de los condenados en el infierno, mostrándose, unos de rodilla y otros de pie, implorantes con los brazos extendidos hacia el cielo y con las bocas abiertas[277]. Desafortunadamente el cuadro desapareció de la Iglesia en la segunda mitad del siglo XX, sin que hayamos encontrados datos que clarifiquen su pérdida.

Cuadro de Ánimas que sustituye al donado por Juan Sarabia.

[275] Ibídem, II, pp. 505-506.
[276] PÉREZ BARRIOS, C.R.: *Arona. Un recorrido*...pp. 217, 219.
[277] Información de Manuel Barrios Rodríguez.

En Arona, al igual que ocurría en tiempos de los enterramientos en Vilaflor, los vecinos dispondrán la realización de misas de difuntos. María Martín, residente en Túnez, mandaba el año 1801 que una huertita usada para cultivar papas, con un pie de higuera breval, otra bergazote y con tunas de indias, contiguas a la huerta, pasara a su hija con la carga de una misa perpetua anual, aplicada por vía de sufragio a las ánimas del purgatorio, misa que debía ser dicha por el párroco de Arona en el mes de noviembre, en uno de los días de su novenario. En caso de que dejase de cumplirse esta manda durante tres años seguidos, la propiedad pasaría a manos del cura que estuviera en la Iglesia de Arona o del mayordomo de Ánimas en ese momento (Cofradía de Animas), con la pensión de la misa perpetua.

También Segundo Agustín Trujillo, vecino de Arona, muestra su voluntad de imponer tres misas rezadas en la Iglesia de San Antonio, por vía de sufragio a las Benditas Ánimas del Purgatorio, para que se dijeran anualmente todos los años, señalando para ello un cercado de tierra en La Sabinita, compuesto de media fanegada de puño, de pan sembrar, según uso de las bandas del Sur[278].

En el proceso de salvación del alma resulta fundamental el Día de Difuntos o Finados. Para que Dios perdonase los pecados veniales a los que estaban en el purgatorio, se les ofrecían misas, oraciones y limosnas. Por ejemplo, se solían realizar cerca del día de los fieles difuntos (2 de noviembre) una novena, que consistía en realizar durante 9 días actos de contrición, con otras indulgencias como septenarios, comunión en los primeros viernes, rezo del rosario y del escapulario, etc.

Recogía Bethencourt Alfonso testimonios en San Miguel y Arona que hablaban de que, por finados, los frailes y los curas se presentaban cuando se trillaba para recoger limosnas para las ánimas, y no era poco lo recaudado, pues de una parva de 10 a 20 fanegas se quedaban con 4-8 almudes de grano. Estos datos, por tanto, están referidos a los tiempos en que se enterraba en Vilaflor, y antes de la desamortización del Convento. También manifestaban los informantes que, más recientemente, existía cierta resistencia a dar baifos para la Virgen, es decir, se hurtaba del diezmo lo que "pertenecía a Dios", con escándalo de frailes y curas

El Día de Difuntos las mujeres acudían a encender luces sobre los sepulcros de la Iglesia, tantas como seres queridos tuvieran muertos, pero, además, ponían trigo, carneros, vino, miel, etc. Las mujeres iban levantando la mano con un saco o bulto, y esa era la señal para que el sacristán o monaguillo recogiera la ofrenda, que guardaba en la sacristía, devolviendo el paño. Las

[278] DÍAZ FRÍAS, N.: *Testamentos aroneros (Siglo XIX)...*, T. III, pp.184, 313.

mejores ofrendas se llevaban los días anteriores directamente a la casa del cura o al Convento, correspondiendo el párroco a estas ofrendas con responsos sobre las tumbas.

Testimonios orales hablan de que el Día de Difuntos se ponía, cerca del altar mayor de la Iglesia de San Antonio Abad, una de las cajas mortuorias que estaban detrás de la sacristía, y la cubrían con un crespón negro. La Iglesia permanecía abierta día y noche, tiempo en el que las campanas no dejaban de doblar. En la noche del día 1 de noviembre el cura recorría las calles del pueblo llevando el viático, acompañado de un monaguillo, el objeto era acompañar a las almas que estaban en pena por no haber cumplido sus promesas antes de morir. Al día siguiente, temprano, se desplazaba al cementerio a decir responsos en las tumbas, labor por la que cobraba. En algunos sepulcros decía varias oraciones, dependiendo de lo que cada familia quisiera gastar[279].

En las casas, la noche de Finados o Finaos también se encendían luces a los difuntos. Para ello se ponían en una bandeja, sartén o vaso, en agua y aceite, tantas mariposas o mechas como finados a salvar del purgatorio se quisiera (se solía poner un pabilito por un alma que no tuviera familia). Algunos testimonios indican que según el aspecto de las luces se sabía el estado en el que se encontraba el alma (estaba en la Gloria, en el Purgatorio o en el Infierno)[280].

Las cofradías de Ánimas en Tenerife eran el equivalente a los Ranchos de Ánimas en las islas orientales. Los cantadores y tocadores, presididos por el mayordomo de las Ánimas, iban de casa en casa para allegar recursos para hacer la novena a éstas. Afirman algunos que, más que un Día de Finados parecía un carnaval, pues con guitarras, panderetas, castañuelas, triángulos, iban por las casas improvisando y componiendo letras para dedicarlas a Dios, a la Virgen, a los Santos y a las Ánimas, aunque también a las familias que tenían parientes en América o a las muchachas y mozos por encargo de sus novios y novias, pues era de cortesía devolver otra cántiga, al precio corriente de una fisca. La distancia entre las casas la recorrían tocando y cantando malagueñas muy animadas, y en el recorrido se les iba brindando con vino. La cantiga tenía dos partes, una copla a una sola voz y otra que cantaban todos a coro[281].

Al menos hasta mediados del siglo XX, por el Día de Difuntos, los chiquillos iban por las casas, llevando el portapaz de plata para que lo besaran.

---

279 Información de Manuel Barrios Rodríguez.

280 GALVÁN TUDELA, J.A.: "Etnografía de la muerte en Canarias..., p. 133; BETHENCOURT ALFONSO, J.: *Costumbres populares Canarias de Nacimientos*... pp. 302, 305; *Diario de Avisos*, 30-10-2023; Ver trabajos de Julio Concepción sobre Las Lucitas de Finados: *El Día*, 1-11-2024; Información de Manuel Barrios Rodríguez.

281 BETHENCOURT ALFONSO, J.: *Costumbres populares Canarias de Nacimientos*... pp. 243-244.

La gente les regalaba frutos (almendras, castañas, ...) y dulces. En la víspera pasaban en el coro de la Iglesia toda la noche, doblando las campanas, y al día siguiente se comían los regalos[282]. En esos tiempos las familias recordaban con los más jóvenes a los miembros de la familia fallecidos.

Con la construcción de cementerios, el encendido de luces en los sepulcros y las ofrendas pierden su razón de ser, ganando terreno la ofrenda de flores. Desde cuándo se constata la costumbre de ofrendar a los muertos con flores es una cuestión que muchos se preguntan, incluso desde la arqueología, atribuyendo algunos investigadores a los neandertales la capacidad de colocar flores a sus muertos como forma de respeto. Pero, lo que sí es evidente que en las culturas clásicas y en el primer cristianismo el acompañamiento de flores en los ritos funerarios estuvo presente. No obstante, independientemente del carácter de ofrenda que pudiera tener, es evidente que su utilización tenía unos fines prácticos, pues disimulaba el olor de los cadáveres en tiempos en los que no existían medios de conservación.

Al no existir floristerías, cada familia cultivaba sus flores para adornar con ellas las sepulturas de sus seres queridos. Rara era la casa que no tuviese uno o más poyos dedicados exclusivamente a margaritas, rosas y crisantemos de varios colores, más conocidos por flores de invierno. Durante todo el año se cuidaban con mimo, existiendo una cierta competitividad por ver quién realizaba los mejores arreglos florales. En el mismo cementerio las mujeres se intercambiaban esquejes, con la intención de acrecentar su variedad floral.

En el cementerio los arreglos iban desde la colocación de un ramo junto a la cruz del fallecido, al cubrimiento del túmulo de la tumba con flores, a manera de alfombra, pasando por la colocación de coronas en la cruz, entendidas éstas como líneas sin principio ni fin, y que de forma simbólica reflejaba el ciclo del nacimiento y muerte, o sea, lo efímero de la vida. Algunas tumbas rodeaban su perímetro con cadenas o rejas, lo que las dotaba de cierta suntuosidad, permitiéndose incluso la decoración con plantas.

La variedad floral utilizada en los últimos tiempos ha crecido muchísimo, lo que ha ido de la mano de la apertura de numerosas floristerías y de los invernaderos especializados. Entre las flores más comunes, sin contar los crisantemos y las margaritas, están los claveles, las rosas, los gladiolos, los lirios, los anturios, las strelitzias, las siemprevivas, etc.

[282] Información de Alfredo Almeida Rodríguez, Facebook.

Eulalia y Andrea Pérez García rezando en los sepulcros de sus seres queridos el Día de Difuntos.

Corona de flores enviada por el Ayuntamiento a los difuntos de Santa Salomé.

Cementerio Santa Salomé enramado el Día de Difuntos.

De esos Días de Finados, de mediados de la centuria pasada, en Arona, nos habla Ana Beltrán en una de sus narraciones:

Los dos primeros días de noviembre, la carretera que va del casco urbano a Montaña Frías era un incesante ir y venir de mujeres, niños y niñas. Cada uno de ellos portando ramos y coronas de flores, que impregnaban el trayecto con su policromía perfumada.

Antes de emprender la caminata a Montaña Frías, donde se ubica el cementerio nuevo, se visitaba el viejo camposanto, situado en la mismísima entrada del pueblo. Hacía años que en él no había enterramientos, pero esos días se abrían sus puertas para que los familiares pudiesen enramar las tumbas, cuyos restos aún no habían sido exhumados.

En esta foto, que ya amarillea, aparece un grupito de niñas y niños husmeando por las tumbas entre divertidos y temerosas. Lo que más les aterraba eran dos grandes sepulcros, especialmente el de piedra oscura, cuya lápida no estaba bien sellada. Las niñas, más curiosas que los chicos, fueron las primeras en subir a la plataforma de piedra negra. Una vez trepadas, se pusieron de puntillas intentando averiguar qué había en el interior del hueco, más negro que la piedra que lo cubría. Fue entonces cuando los chicos, que permanecían escondidos tras la mole sepulcral, empujaron la lápida con fuerza, logrando que ésta se desplazara con un ruido ensordecedor. Eso hizo que las muchachas salieran del lugar sagrado despavoridas, sin mirar atrás, sin despedirse del cementerio viejo, que desaparecería por completo décadas más tarde.

Instantes después, los pies vuelan carretera abajo. Entre risas y fiestas recorren el kilómetro que separa a los dos cementerios, ante la mirada reprobadora de las mujeres que les parece una falta de respeto semejante comportamiento. Pero ellas no se dan por aludidas y entran en tromba en el Santa Salomé, en cuya puerta de hierro figura una fecha: 1939.

Años más tarde me detuve a pensar en lo bonito que era este cementerio, incluida su ubicación. En algunas de las fotos del álbum de la memoria aparecen varias personas, mayormente foráneas, que al respecto pensaban como yo. Algunas, además, deseaban que al fallecer se les diera sepultura en Santa Salomé.

He de decir, que el cementerio ya no es el que era, su imparable crecimiento (exigencias de la necesidad) ha hecho que se desborde, que baje apresurado por la ladera de la montaña. A pesar de ello, la parte nueva (ironías de la vida) tiene su lado positivo: sus impresionantes vistas a la amplia costa aronera, al mar inabarcable y al inalcanzable cielo[283].

En los últimos años se trata de contrarrestar la influencia anglosajona en el Día de los Difuntos, de ahí que desde los establecimientos educativos y las áreas de patrimonio de los Ayuntamientos se trate de recuperar y conservar un patrimonio fúnebre asentado en nuestra cultura a lo largo de los siglos. De ahí que en Arona se hayan organizado veladas que tratan de recuperar esa herencia, por ejemplo, representando en la Casa de La Bodega la obra *"Agarrando la muerte con las manos"*, a cargo de Juan Carlos Tacoronte, con introducción de Carlos Delgado García a los ranchos de ánimas, espectáculo que era descrito en los siguientes términos: *"...la tradición de finados vertebra toda la pieza, un legado de nuestros mayores que aún pervive en la celebración de la víspera del día uno de noviembre. Cuentos de vida y muerte para reflexionar sobre la propia existencia. Historias llenas de paisaje y paisanaje en un territorio lleno de rostros que transitan entre el humor, la poesía, el legado y las emociones. Narrar es contar la vida y todas las vidas merecen ser contadas"*.

Otros actos se han desarrollado en torno a la degustación de castañas y vinos; la elaboración y paladeo de truchas en el Mercado del Agricultor; los conciertos en el Calvario de Arona; exposiciones sobre vestimentas tradicional y costumbres funerarias; confección y encendido de pabilitos o mariposas;

[283] BELTRÁN GARCÍA, A.M.: "Fotos de la Memoria: Arona y sus cementerios", *Facebook*.

sin olvidar el espectáculo de Benito Cabrera "Divinos de la muerte", que en 2022, en el Centro Cultural Infanta Leonor de Los Cristianos, ofreció un recorrido por los ritos funerarios y por la música relacionada con la muerte en el mundo, incluida Canarias.

Creencias y supersticiones populares

El hecho de la muerte y el temor que despierta ha dado lugar a creencias y supersticiones en torno a ella. Podemos hablar de las almas en pena, de los fantasmas y de las apariciones, sustentado todo en el hecho de creer que hay un estado intermedio entre la vida y la muerte, y que en ese estado los difuntos podían manifestarse de diversas formas: a través de ruidos, luces –hachos encendidos, luces azules–, pudiendo producirse la visita física del difunto. Estas ideas estaban muy generalizadas en las Islas, pero más allá de la creencia misma, constituían una fórmula para mantener articulada la sociedad en torno a la familia y para sostener un determinado orden moral (no quemar las cruces que se levantaban en recuerdo de algún muerto, cumplir con las obligaciones contraídas, castigar la avaricia[284].

Noticias de fenómenos paranormales las tenemos desde finales del siglo XIX, al recoger Bethencourt Alfonso la creencia que existía en Los Cristianos de que se aparecía El Coronel, lo que puede ser una creencia transmitida de generación en generación, pues es posible que se refirieran a Juan Francisco Domingo de Franchy y Benítez de Lugo, Coronel del Regimiento provincial de La Orotava, en el siglo XVIII, que tuvo importantes bienes en Arona, o a su hijo Antonio Francisco de Franchy y Ponte que heredó el mayorazgo creado en 1774, entre cuyas propiedades se encontraba la conocida como Casa del Coronel.

Los fuegos fatuos son fenómenos que suelen darse en lugares como cementerios, consisten en pequeñas llamas que arden en el aire como consecuencia de la putrefacción de sustancias orgánicas. Estas débiles luces se suelen ver en las noches, por lo que alejaban a la población de los cementerios, aunque estas manifestaciones pueden aparecer en otros lugares, por ejemplo, se visualizaban en la Casona de Altavista, en la huerta lindante con la edificación situada al norte. Se atribuían a estos fuegos causas paranormales, en el caso de Altavista se relacionaban con acontecimientos violentos allí producidos. Probablemente la huerta debió de utilizarse como lugar de enterramiento de animales y como estercolero, lo que propiciaría el fenómeno.

---

284 GALVÁN TUDELA, J.A.: "Etnografía de la muerte en Canarias..., p. 123.

La aparición de luces azules se asociaba, como ocurría en Arico, con almas en pena, y existía un cierto rezado para esos casos "si eres ánima del otro mundo y te paras, te rezo un padrenuestro y un ave maría". Se creía que si era un alma en pena se paraba, y si se mostraba era porque no estaba en el infierno. El ser un alma en pena, según las creencias populares, era consecuencia de haber muerto sin cumplir una promesa, razón por la que se aparecía a un familiar para que, en su nombre, la cumpliese. De aquí derivaría la costumbre de dejar un grano cuando se mondaba una espiga de cebada, pues se decía que era para las ánimas[285], lo que vinculamos con la costumbre del clero de pedir en el tiempo de la trilla para las Benditas Ánimas.

Cuentan algunos que en Arona había una casa en la que se escuchaban ruidos por la noche (rotura de cristales, rodar de sillas, ...). Ante este fenómeno, la dueña reunió a varios vecinos que afirmaron escuchar también los sonidos, por lo que recurrió a un santón (Manolito), que le dijo que su marido había fallecido sin cumplir la promesa de llevar a la Virgen de Candelaria una rosa blanca. Desde que llevó la flor a la Virgen cesaron los ruidos.

Otro tipo de almas eran las que se consideraban "arrimadas", es decir, espíritus que se pegaban a una persona, supuestamente, con el fin de pedirles perdón por algún daño "tener un muerto arrimado". Para que desaparecieran y descansaran en paz se debían cumplir las promesas que habían dejado pendientes, o perdonarlos si habían hecho daño.

Cuando la muerte se produce de forma imprevista, sin que la familia hubiera tenido tiempo de ver al difunto, sin que este hubiera podido despedirse, cuando quisiera transmitir su agradecimiento por los cuidados y cariño recibido, o cuando quisiera comunicar que estaba bien, se creía y se sigue creyendo que en los días siguientes al fallecimiento el difunto podía entrar en contacto con sus familiares para despedirse (sentir que le tiran del traje, escuchar que tintinean los vasos o copas, sentir que le acarician el pelo, recibir mensajes a través de la numerología, etc.).

Los presagios de muerte también han estado presentes en la tradición aronera, por ejemplo, Bethencourt Alfonso recogía la creencia de que si en una casa se plantaba un "arromero" penetrarían pronto las desgracias. También se creía que el aullido o ladrido de los perros de noche presagiaba muertes[286]. Testimonios orales hablan de la creencia de que si una persona se mira en el agua que hubiera estado al sereno en la noche de San Juan, y no veía su reflejo, moriría en el plazo de un año, por ejemplo, Dolores Rodríguez Cano

285 BETHENCOURT ALFONSO, J.: *Costumbres populares Canarias de Nacimientos...*, pp. 281, 280, 288.
286 Ibídem, p. 250.

manifestó a sus hijos que no llegaría viva a otro San Juan, pues no había visto su reflejo en el agua, y falleció en menos de un año[287].

La tragedia de los hugonotes asesinados durante las guerras de religión en Francia en el siglo XVI (la noche del 23 al 24 de agosto de 1572) quedó marcada en la cultura popular como la Noche de San Bartolomé, una noche aciaga, por lo que se evitaba salir a pescar. Se contaba a principios del siglo XX que, en Los Cristianos, un pescador, conocido como tío Alejandro Domínguez, salió a pescar en la noche de San Bartolomé, contra la opinión del viejo marino, tío Vicente, que creía que en la *"noche de San Barolomé está una hora el perrete suelto"* (diablo), por lo que para evitar tentaciones debía evitarse salir a pescar. En el primer lance que hicieron, al sentir prender en la cala (parte de la liña que se tira) creyeron que habían pescado, pero al intentar tirar vieron encendido el mar debajo del barquillo, subiendo y bajando la cala sin que pudieran alzar lo pescado *"no había cristiano que la subiera"*. Asustados decidieron bogar para tierra, y ya cerca de la costa cantó un gallo y desapareció el fuego. Cuando sacaron la cala la carnada estaba como la habían puesto. Afirmaba el informante que *"Sabido es que el perrete desaparece así que cantan los gallos, razón porque muchos no abandonan sus casas antes de que cante el gallo. Así que el gallo canta, desaparecen las brujas, el diablo y toda cosa mala"*[288].

También se creía que era pecado sacudirse las manos si estaban mojadas en agua. Se consideraba que era pecado porque Dios concedió a Luzbel (antes de echarlo del cielo) tantas almas como gotas de agua se produjeran en el día, sacudiendo las manos después de mojarlas. Dios observó que Luzbel tenía más almas que él, por lo que lo arrojó a los infiernos con todas las almas que le obedecían. La Virgen intercedió considerando que con esta medida se castigaba a muchos inocentes, por ello Dios diferenció entre las gotas que estaban en el aire y las que caían al suelo *"las que en el aire, en el aire; las que en el suelo en el suelo"*, de modo que las que habían descendido al infierno con Luzbel allí permanecerían, y las que iban por el aire, camino del castigo eterno, permanecerían en el purgatorio, *"Por eso está todo el espacio lleno de almas"*.

También existía la creencia, como en otros pueblos de las Islas, del carácter maléfico de los remolinos, por ello la gente cuando los veía hacía una cruz con la mano, y decía *"cruz, perro maldito, al infierno"*, o bien *"cruz perro puto a los infiernos"*[289]. Hasta tiempos relativamente recientes, cuando dos personas

[287] Información de Isabel Barrios Rodríguez.

[288] BETHENCOURT ALFONSO, J.: *Costumbres populares Canarias de Nacimientos...*, p. 278.

[289] Ibídem, pp. 278-279.

hablando, casualmente empleaban la misma palabra al mismo tiempo, se decía que habían sacado un alma del purgatorio[290].

El temor al diablo y a sus tentaciones se deja sentir en acciones cotidianas y, así, en el Sur de Tenerife se decía que al pelar una cabeza de ajo, había que dejar un diente sin pelar, con el fin de que no viniese el diablo, existiendo algunos pareados referidos al demonio *"El que maja ajo sin sal, con el diablo lo verá"*, y refranes como *"El que come sin mantel come con el diablo, porque los cisco que caen son para él", "comen con el diablo los que comen a oscuras, porque ambos meten la mano a la vez"*[291].

En la tradición popular estaba muy asentada la creencia en los denominados "miedos". Éstos podían ser personas que se aparecían y que se desvanecían repentinamente, también podían ser animales, ruidos, quejas, etcétera, que perturbaban a los caminantes, o vecinos en general. A estos miedos hace referencia la información oral que cuenta que en el Camino de Túnez, en la curva de Lomo Bravo, existía una cruz cerca de una higuera, y a la gente le daba miedo pasar de noche pues se decía que se oían voces lastimeras, relato muy similar es el referido a una gran higuera en La Fuente, donde también existía una cruz[292]. Otra de estas cruces asociadas a higueras estaba en el Camino de Las Casas, junto a una frondosa higuera. Este trozo de camino, pendiente y empedrado, era conocido por La Higuera del Camino, y la gente decía que por las noches se veía un fantasma merodeando bajo el árbol, creían que era el de una persona que había sido asesinada en el lugar[293]. Se enlaza la percepción de estos "miedos" con muertes violentas ocurridas allí, aunque con un sentido más pragmático, extender estas creencias, dada la credulidad de la gente, era una simple estrategia para evitar que por las noches asaltaran las higueras en busca de brevas.

Los lugares donde se aparecían "miedos" se consideraban encantados, como también aquellos en los que se producían otros tipos de fenómenos, sin explicación aparente. Por ejemplo, en el Valle de San Lorenzo se creía en la existencia de un río encantado en el Barranco del Pinto[294], se contaba que una anciana levantaba una piedra y se surtía de agua, y tras ser sorprendida y negarse a decir dónde brotaba el agua, el lugar se consideró encantado. Pero, sabemos que en los charcos del Barranquillo del Pinto, tras las lluvias, se abastecían los habitantes de Cabo Blanco y Malpaís (Buzanada), protestando

290 Ibídem, p. 291.
291 Ibídem, p. 278.
292 Información de José Delgado Hernández.
293 Información de Manuel Barrios Rodríguez.
294 BETHENCOURT ALFONSO, J.: *Costumbres populares Canarias de Nacimientos...*, p. 299.

los vecinos en 1880 por los lavados de ropa que se estaban haciendo, por el riesgo que representaba para la salud[295].

Siendo el agua un bien escaso, su aparición y desaparición en el fondo de los barrancos fuera de los tiempos de lluvia, podía entenderse como un encantamiento, aunque sabemos que el fenómeno responde a la existencia de los denominados eres, lugares en los que el agua aflora al excavar ligeramente en la arena, como ocurría en el Barranco de Chindia, de ahí el topónimo de El Lerito. La mayoría de estos fenómenos respondían a causas geológicas, es decir, en el pasado existieron arroyos que desaparecieron por episodios de volcanismo, hundimiento, etc., o se trataba de agua de lluvias que quedaba depositada en capas impermeables y que eran cubiertas por arenas. Su existencia se conservó durante mucho tiempo en la memoria popular, revestidos de un cierto halo de misterio, como lo atestigua la religiosidad desarrollada en torno al Eres de Hermano Pedro, en el municipio de Granadilla de Abona.

Algunos testimonios relacionan determinados topónimos con sucesos extraños, es el caso de Barranco Oscuro, pues se afirma que su nombre se vincula a cierta fenomenología ocurrida en su entorno, sin descartar su relación con los enterramientos realizados en sus proximidades en la época prehispana[296].

Los sepultureros, con sus cuentos, dan pie a muchos de los temores que los cementerios despiertan. En Arona, no podría ser de otra forma, aunque realmente no sabemos cuánto tienen de realidad o de fantasía. Como quiera que fuera, una de esas narraciones contaba que dos hombres importantes habían sido enterrados en sus respectivos nichos, y al día siguiente el sepulturero se llevó un susto de muerte, pues en el exterior de los sepulcros encontró sangre. Las conjeturas surgieron de inmediato, y se rumoreaba que se habían enterrado vivos. Otro testimonio cuenta que uno de los sepultureros abandonó su cargo de la impresión que se llevó al abrir una caja, pues, afirmaba, había recibido "un manotazo" del cadáver, que permanecía incorrupto después de muchos años. Otro sepulturero, mucho más práctico, llegó a aprovechar la madera de las cajas que desenterraba, y que aún tenían buenas condiciones, para hacerse la suya. La guardó en su casa y al fallecer fue sepultado en ella[297].

---

[295] PÉREZ BARRIOS, C.R.: "Recursos y aprovechamientos hídricos en Arona durante el siglo XIX", *I Jornadas de Historia del Sur de Tenerife (Comarca de Abona)*, Ayuntamiento de Arona, 1999, p. 217.

[296] Información oral de Juan Martín Sánchez.

[297] Información de Manuel Barrios Rodríguez.

En la actualidad esas supersticiones y creencias perviven, lastrando incluso la rentabilización de ciertos inmuebles, ya fuera por el temor que suscita el hecho de haber funcionado como casa mortuoria (Cabo Blanco), o en La Fuente (Valle de San Lorenzo) por haberse fabricado en un lugar sacro, curiosamente donde estuvo la alcancía de la antigua Ermita de San Lorenzo, fenómenos paranormales que, sin embargo, no se detectan en el enclave de la vieja Ermita, supuestamente por haberse realizado su derrumbe y traslado con el correspondiente proceso de desacralización. Supuestos fenómenos extraños obligaron a reponer una cruz que se había retirado de la Calle Era del Balo, en el Valle de San Lorenzo.

Pero el mundo de las creencias y la ritualidad funeraria ha dejado su herencia en la toponimia, así podríamos considerar que los nombres de La Crucita, hace referencia a lugares relacionados con la muerte, que Las Ánimas se vinculan a esas creencias en otra vida y a la idea de salvación, y que Capellanía alude a los instrumentos terrenales que se utilizaron para conseguir la futura salvación del alma. De ejemplo podemos citar los casos siguientes:

La Capellanía en el Valle de San Lorenzo.

Paredón de las Ánimas, en las cercanías de Arona.

CONCLUSIONES

Es evidente, y así lo podemos ver a lo largo de estas páginas, que la muerte ha preocupado y ocupado a los chasneros y aroneros a lo largo de su historia. La religiosidad, con la creencia en un más allá, incluida la existencia de un cielo, un infierno y un lugar de paso, que sería el purgatorio, determina el papel que la Iglesia ejerce en el deseo de salvación de los creyentes. Esa intermediación con Dios supone para el clero una fuente de ingresos, pero el deseo de salvación de los creyentes se traduce en una forma más de mostrar las diferencias sociales, pues el ritual será más o menos ostentoso dependiendo de la capacidad económica del difunto.

El estudio de la muerte en Arona se inscribe en un marco más amplio que el que ocupa en la actualidad el municipio, pues su dependencia del Beneficio de Vilaflor determina que la tradición funeraria fuera común al resto del territorio chasnero, situación que se mantiene hasta la creación de los distintos curatos que se segregan, como ocurrió en Arona en 1796.

Para el Antiguo Régimen y durante los primeros años del siglo XIX, momento en el que se llevaron a cabo obras de ampliación en el templo de San Antonio Abad, los enterramientos se realizaban en la Iglesia de San Pedro Apóstol o en el Convento agustino de Vilaflor. Los testamentos arrojan detalles del ritual funerario y de los costos que generaban.

La elevación a la categoría de Iglesia de la Ermita de San Antonio Abad acercó los servicios fúnebres a los vecinos de Arona y a la población que vivía en los pagos que componían su jurisdicción, especialmente del Valle del Ahijadero (Valle de San Lorenzo) por ser el más poblado. A los efectos oportunos se construyeron sepulcros y se crearon cofradías o hermandades llamadas a ocuparse del entierro de sus miembros.

Desde el siglo XVIII con los ilustrados, y en el siglo XIX con el liberalismo, se van imponiendo ideas favorables a la construcción de cementerios, en búsqueda, por un lado, de disminuir el poder de la Iglesia y, por otro, de velar por la salud pública.

Bajo estas premisas se construye la primera necrópolis civil de Arona, el Cementerio Viejo, en un terreno que se consideraba muy adecuado. Sin embargo, pocos años después se denunciaban sus inconvenientes, lo que llevará a una continua reivindicación de un cementerio nuevo, proceso que durará prácticamente un siglo, hasta que se construye el Cementerio Santa Salomé en 1939.

Las características del Cementerio Viejo, los nuevos proyectos, las obras del de Santa Salomé, la tipología de las sepulturas, son parte fundamental de este trabajo, como los son las sucesivas obras de ampliación que el crecimiento demográfico experimentado, sobre todo en el tránsito del siglo XX al XXI, ha exigido. Esta visión arquitectónica se completa con una arquitectura popular humilde, pero de gran significado etnográfico, nos referimos a la costumbre de levantar microcapillas en los márgenes de los caminos o carreteras, en memoria de los difuntos muertos en accidentes en el lugar.

Pero, el tema de la muerte tiene múltiples aristas, que van desde las formas de luto, la función de las campanas, pasando por el peso de la muerte en la creación literaria local, hasta llegar a las supersticiones y creencias populares, muestra del atavismo social propio de una comunidad rural. En este ámbito se inscribe la celebración del Día de Difuntos, con las prácticas acostumbradas: misas, ofrendas, enramado de tumbas, encendido de lucitas, etc.

Es evidente que el sentido de la muerte, su interpretación y su ritualidad en la actualidad han cambiado mucho, siguiendo lo apuntado por Lucía Billoud, se ha perdido parte de la emotividad y escenografía del pasado, y se evidencia incluso de forma preveía a la muerte, con la escasa atención que merecen los mayores. Esta relegación de los ancianos se refleja en la tibieza, en la contención y a veces en la frialdad de las expresiones de dolor, es decir, atendidos en hospitales o residencias los familiares pierden el contacto directo con el ser querido, acelerándose el natural olvido. Dicho de otra forma, en el lecho de la muerte se prioriza la higiene y el tratamiento eficiente antes que el afecto y el acompañamiento de familiares y, sin duda, esta nueva forma de afrontar el final de una vida provoca miedo ante la vejez, contemplándose el final de la existencia bajo parámetros de incertidumbre y soledad.

Numerosas son las causas que han llevado a vivir la muerte bajo este nuevo prisma, entre ellas podríamos citar: la desestructuración familiar, las prisas, la incorporación de la mujer –tradicionalmente encargadas de cuidar a los mayores y a los enfermos– al mercado laboral, la elevada esperanza de vida que hace que sus hijos/as “potenciales cuidadores” no estén en condiciones físicas para asumir el rol. la pérdida de creencias religiosas, la influencia de otras culturas, la infravaloración de la muerte, etc. La Administración desde sus competencias trata de mejorar los cuidados de los mayores en sus etapas finales, pero en este ámbito, indudablemente, queda mucho por hacer, particularmente en la línea de mantener a los mayores o enfermos en sus entornos o ámbitos familiares, evitando en lo posible el desarraigo en los últimos años de vida.

BIBLIOGRAFÍA

ABREU GALINDO, F.J. de: *Historia de la conquista de las siete Islas de Canarias*, Edición crítica con Introducción, notas e índice de Alejandro Cioranescu, Ed. Goya, Santa Cruz de Tenerife, 1977.

ALBERTO BARROSO, V., VELASCO VÁZQUEZ, J., DELGADO DARIAS, T., ALVAREZ, M.: *Manual de Capellanías*, Vitoria, 1919.

ARBELO GARCÍA, A.: *Las mentalidades en Canarias en la crisis del Antiguo Régimen. Elites agrarias y comportamiento social en Tenerife (1750-1823)*, CCPC, 1998.

ARTILES SÁNCHEZ, J: "La liturgia exequial de la Iglesia, expresión de la situación social de cada momento", *Nacimiento, matrimonio y muerte en Canarias*, Ed. Enroart, 2009.

BASAVE FERNÁNDEZ DEL VALLE, A.: *Metafísica de la muerte*, México, 1983.

BELLO HERNÁNDEZ, I.: "La expresión de condolencias en cartas canarias del siglo XVIII", *Boletín de Filología*, nº 2, T. LVIIII, 2023.

BELTRÁN, A.: *El aire que nos mueve*, Editorial Cursiva, Santa Cruz de Tenerife, 2018.

BELTRÁN, A.: *Aroneras en el recuerdo*, Ayuntamiento de Arona, 2004.

BETHENCOURT ALFONSO, J.: *Historia del pueblo Guanche. Su origen, caracteres etnológicos, históricos y lingüísticos*, Ed. Francisco Lemus, La Laguna, 1991, T. I.

BETHENCOURT ALFONSO, J.: *Costumbres populares canarias de nacimientos, matrimonio y muerte*, Aula de Cultura del Cabildo Insular de Tenerife, 1985.

BILLOUD, L.: "Un marco teórico sociológico: el significado que adquiere la muerte para los individuos de la sociedad actual", *VII Jornadas de Sociología de la UNLP*, La Plata, 2012.

BLÁZQUEZ, J. M.: El *Mediterráneo y España en la antigüedad. Historia, religión y arte*, Madrid, 2003.

BREL CACHÓN, M.P.: "La construcción de cementerios y la salud pública a lo largo del siglo XIX", *Studia Zamorensia*, Segunda Etapa, T. V, 1999.

BRITO, M., CHINEA OLIVA, M.M.: *Censo de la población de 31 de diciembre de 1920*, Ayuntamiento de Arona, Ed. Llanoazur, 2006.

CASTRO PÉREZ, C., CALVO CRUZ, M., GRANADO SUÁREZ, S.: "Las capellanías en los siglos XVII-XVIII a través del estudio de su escritura de fundación", *Anuario de historia de la Iglesia*, nº 16, Facultad de Ciencias Económicas y Empresariales, Universidad de Las Palmas de Gran Canaria, 2007.

CERCÓS SOTO, J.: "Naturaleza, muerte y mal: notas sobre Tomás de Aquino", *Revista Española de Filosofía Medieval*, 1993.

CONCEPCIÓN, J., SANZ MAYOL, D.: *Luces de finados de Canarias. Memorial de la luz*, LeCanarien ediciones, 2025.

CONSEJERÍA DE EDUCACIÓN, UNIVERSIDADES, CULTURA Y DEPORTE DEL GOBIERNO DE CANARIAS: *UCTICEE, https://www3.gobiernodecanarias.org.*

CRESPO FERNÁNDEZ, E.: "La conceptualización metafórica del eufemismo en epitafios", *Estudios filológicos,* nº 43, 2008.

DELGADO HERNÁNDEZ, J.J.: *Un espacio bajo el día*, CajaCanarias, 1996.

DÍAZ ALONSO, I.: "La muerte según Platón y Aristóteles", *Clarín de filosofía*, https://edublog.educastur.es/clarindefilosofia/2023/10/01/la-muerte-segun-platon-y-aristoteles/.

DÍAZ FRÍAS, N.: *La Historia de Vilaflor de Chasna*, CCPC, Ayuntamiento de Vilaflor de Chasna, 2002.

DÍAZ FRÍAS, N.: *Linajes de Arona. Un estudio genealógico acerca del municipio de Arona (siglos XVI-XX),* T. I, Ed. Idea, T. I, 2017.

DÍAZ FRÍAS, N.: *Testamentos aroneros (Siglos XVII y XVIII), Una visión de la vida en Arona a través de los testamentos otorgados por sus vecinos*, T. I y II, Ed. Idea, 2011.

DÍAZ FRÍAS, N.: *Testamentos aroneros (Siglo XIX). Una visión de la vida en Arona a través de los testamentos otorgados por sus vecinos,* T. III, Ed. Idea, 2013.

DÍAZ FRÍAS, N.: *El presbítero Diego García de Acevedo (1713-1769). Un desconocido religioso en la historia de Adeje y de Chasna*, LeCanarien ediciones, 2020.

EGUIARTE BENDÍMEZ, E. A.: "Filosofía de la muerte, según San Agustín", *Augustinus,* nº 39, 1994.

ESPINOSA, F.A. de: *Historia de Nuestra Señora de Candelaria*, Introducción de Alejandro Cioranescu, Ed. Goya, 1980.

FEBLES HERNÁNDEZ, T.: *Actitudes ante la muerte en Canarias: un estudio historiográfico*, Grado de Historia, Universidad de La Laguna, 2015.

FERNÁNDEZ ARMESTO, F.: *Las Islas Canarias después de la conquista. La creación de una Sociedad Colonial a principios del siglo XVI*, Cabildo Insular de Gran Canaria, 1997.

FERNÁNDEZ HIDALGO, M.C., GARCÍA RUIPÉREZ, M.: "Los cementerios. Competencias municipales y producción documental", *Boletín de la ANABAD*, T. 44, nº 3, 1994.

FERNÁNDEZ PARADAS, A.R., FERNÁNDEZ PARADAS, M.: "El registro de entidades religiosas de 1887 y sus aplicaciones prácticas. La Hermandad de Nuestra Señora del Consuelo de Antequera y la búsqueda de su personalidad jurídica", *Baetica. Estudios de Arte, Geografía e Historia*, nº 33, 2011.

FERRARA, G.: "Taxonomía de términos innombrables: la muerte y sus afines en el lenguaje cotidiano", *Artifara* 22.1, Monográfico: Estudios sobre el léxico del español, 2022.

GALVÁN TUDELA, J.A.: "Etnografía de la muerte en Canarias a principios del siglo XX", *Revista de Historia Canaria*, nº 183, 2001.

GARCÍA, A.M.: "Re-Pensar la muerte: hacia un entendimiento de la antropología de la muerte en el marco de la ciencia", *Cultura y Religión*, 2008.

GARCÍA HERNÁNDEZ, M.A.: "Aproximación a la muerte en Canarias a principios del siglo XX", *Tánato´s*, Revista de la Sociedad Española de Tanatología, 2000, https://portalciencia.ull.es.

GONZÁLEZ, D.S.: "Eufemismos sobre la muerte en el Diccionario de la lengua española y en el Diccionario de uso del español", *ReDILLeT*, nº 2, 2019, gonzalezdanielasoledad@yahoo.com.ar.

GONZÁLEZ GONZÁLEZ, M.: *Creencias y rituales funerarios: el más allá en la Grecia Antigua*, Ed. Síntesis, 2018.

GONZÁLEZ GONZÁLEZ, N.: "El estudio de la muerte como fenómeno social. La reflexión metodológica y el trabajo epidemiológico", *Estudios Sociológicos, XVIII: 54,* 2000, *http://www.redalyc.org/articulo.oa?id=59854309.*

HERNÁNDEZ GONZÁLEZ, M.: *La muerte en Canarias en el siglo XVIII (un estudio de historia de las mentalidades)*, Ayuntamiento de La Laguna, C.C.P.C., 1990.

HERNÁNDEZ GONZÁLEZ, M.: *Enfermedad y muerte en Canarias en el siglo XVIII*, T. I y II, Ediciones Idea, 2004.

HERNÁNDEZ GONZÁLEZ, M.: "Nacimiento y muerte en Canarias en la Edad Moderna", *Nacimiento, matrimonio y muerte en Canarias*, Ed. Anroart, 2009.

HERNÁNDEZ RODRÍGUEZ, G.: *Estadística de las Islas Canarias, 1793-1806, de Francisco Escolar y Serrano*, Caja Insular de Ahorros de Gran canaria, Lanzarote y Fuerteventura, 1984.

HOLLIER, D.: "Architectural Metaphors", Editions Gallimard, París, 1974, *https://tecnne.com/biblioteca/denis-hollier-metaforas-arquitectonicas/.*

LAERA, R.: "La preocupación por la muerte", Proyecto de Investigación FFI200908557/ FISO, financiado por el Ministerio de Ciencia e Innovación del Gobierno de España, *Problemata: R. Intern. Fil.* V. 4, N° 1, 2013.

LÓPEZ DE ULLOA, F.: *Historia de la conquista de las siete islas de Canarias*, 1646, Ed. Idea, 2010.

LÓPEZ SACO, J.: "Muerte e inframundo en la antigua Roma: inmortalidad y eterna memoria. Presente y Pasado", *Revista de Historia*, nº 44, 2022.

MARÍN DE CUBAS, T.A.: *Historia de las Siete Islas de Canaria,* Real Sociedad Económica de Amigos del País de Las Palmas de Gran Canaria, 1986.

MARÍN FERNÁNDEZ, E.: "Aspectos antropológicos del dolor y la muerte, *Biblioteca de Investigación,* nº 63, Universidad de La Rioja, 2021.

MEDEROS MARTÍN, A., ESCRIBANO COBO, G.: *Arona y el menceyato de Abona en la prehistoria*, Ayuntamiento de Arona, 2022.

MIGUEL, J. M. de: "El último deseo: para una sociología de la muerte en España", *Revista Española De Investigaciones Sociológicas*, 109–156, 1995, https://doi.org/10.5477/cis/reis.71-72.109*EIS,* 1995.

MIGUEL Y SÁNCHEZ, J.S.: "Capellanías, fundaciones religiosas", *https: //avghcv.com.*

MORAL GADEO, J.: "Obras pías: función social y otras consideraciones. El caso del Patronato que fundó en Torredelcampo (Jaén), Diego Delgado de la Chica, *Iberian. Revista Digital de Historia*, nº 7, 2013.

MORENO BENÍTEZ, M.A.:"Los antiguos canarios ante la muerte. Tradición vs. ruptura", *Actas XV Semana Científica Telesforo Bravo.* Instituto de Estudios Hispánicos de Canarias. Puerto de la Cruz, 2020.

NISTAL, M.: "Legislación funeraria y cementerial española: una visión espacial", *Lurralde: inv. espac*, nº 19, 1996.

NÚÑEZ DE LA PEÑA, J.: *Conquista y Antigüedades de las Islas Canarias y su descripción, con muchas advertencias de sus privilegios, conquistadores, pobladores y otras particularidades de la Isla de Tenerife. Dedicado a la milagrosa imagen de Nuestra Señora de la Candelaria,* 1676, Edición de 2006.

PÉREZ BARRIOS, C.R.: *Noticias históricas acerca de la vida religiosa en Arona (S. XVI-XIX)*, Ayuntamiento de Arona, 1987.

PÉREZ BARRIOS, C.R.: *La Historia de Arona*, CCPC, Ayuntamiento de Arona, Cabildo de Tenerife, 1996.

PÉREZ BARRIOS, C.R.: "Recursos y aprovechamientos hídricos en Arona durante el siglo XIX", *I Jornadas de Historia del Sur de Tenerife (Comarca de Abona)*, Ayuntamiento de Arona, 1999.

PÉREZ BARRIOS, C.R.: *Las redes de comunicación terrestre en Arona (Tenerife). Precariedad viaria*, Ed. Llanoazur, Ayuntamiento de Arona, 2004.

PÉREZ BARRIOS, C.R.: *La propiedad de la tierra en la Comarca de Abona en el Sur de Tenerife (1850-1940),* Ed. Llanoazur, Ayuntamientos de Guía de Isora, Adeje, Arona, Vilaflor, San Miguel de Abona, Granadilla de Abona, Arico, LaCaixa, 2005.

PÉREZ BARRIOS, C.R.:"Caminos en la Historia, instrumentos de vertebración en el territorio aronero*", XX Simposio sobre Centros Históricos y Patrimonio Cultural de Canarias*, Fundación CICOP, 2018.

PÉREZ BARRIOS, C.R.: "Patrimonio religiosos en Arona: la Iglesia de San Antonio Abad", *Revista Taro*, nº 3, Ayuntamiento de Arona, 2019.

PÉREZ BARRIOS, C.R.: *Violencia en una sociedad de base agraria. El Sur de Tenerife en la década de 1930*, Ed. Llanoazur, Ayuntamientos de Adeje, San Miguel de Abona, Arona, Guía de Isora, 2020.

PÉREZ BARRIOS, C.R.: *Arona. Un recorrido por su historia*, Ed. Llanoazur, Ayuntamiento de Arona, 2015, 2023.

PÉREZ CAMAÑO, F., SOLER SEGURA, J., PERDOMO PÉREZ, C.: *Arona. Una aproximación al paisaje arqueológico guanche*, Cultania Libros, Instituto de Estudios Canarios, 2023.

QUESADA SANZ, R.: "Muerte y ritual funerario en la Grecia Antigua: una introducción a los aspectos arqueológicos", *Arqueología de la muerte: metodología y perspectivas actuales*, Universidad Autónoma de Madrid, 1991.

RANCEL GONZÁLEZ, G.G.: *A mi gente campesina. Anécdotas, recuerdos y poesía*, Imprenta Santa Cruz, Santa Cruz de Tenerife, 2011.

REQUENA JIMÉNEZ, M.: "La muerte en la antigua Roma", *Pasajes*, nº 59, 2020.

RODRÍGUEZ BLANCO, M.: "Entre el servicio público y la libertad religiosa: las parcelas confesionales en los cementerios municipales", *Anuario de Derecho Eclesiástico del Estado*, T. XXVI, 2010.

RODRÍGUEZ DELGADO, O.: "Personajes del Sur (Arona-Vilaflor de Chasna): Don Mateo Domínguez Fraga (1634-1706), propietario agrícola, Alférez de Milicias y hermano del Señor", *blog.octaviordelgado.es.*

RODRÍGUEZ DELGADO, O.: "Personajes del Sur (Arona): Don Antonio Francisco Domínguez Villarreal (1807-1871), Comandante Graduado de Milicias, Comandante Militar de Abona, Secretario del Ayuntamiento de San Miguel, Administrador de la Casa Fuerte de Adeje, Alcalde constitucional y mayor propietario de Arona, *blog. octaviordelgado.es.*

RONQUILLO RUBIO, M., VIÑA BRITO, A.: "Actitud ante la muerte a través de los testamentos canarios del primer cuarto del siglo XVI", *XIII Coloquio de Historia Canario-Americana*, 1998.

ROQUERO USSIA, M.R.: "Las costumbres funerarias en San Sebastián. Siglos XVI-XIX", *Boletín de Estudios Históricos sobre San Sebastián*, nº 51, 2018.

RUIZ MORALES, F.C.: "Algunas expresiones de la muerte en la cultura popular tradicional andaluza", *I Jornadas de Religiosidad Popular*, 1996.

SÁNCHEZ GONZÁLEZ, R.: "Las capellanías en el Antiguo Régimen (siglos XVI-XIX): Estudio de la zona de La Sagra", *Anales toledanos*, nº 23, 1986.

SANTONJA, J.L.: "La construcción de cementerios extramuros: un aspecto de la lucha contra la mortalidad en el Antiguo Régimen", *Revista de Historia Moderna*, nº 17, Universidad de Alicante, 1998-99.

SEDEÑO, A.: *Breve resumen e historia muy verdadera de la conquista de Canarias*, Ayuntamiento de Las Palmas-Museo Canario, 1978.

SEGURA RANGEL, P.A.: *El sentido de la muerte en la filosofía*, Tesina de la Universidad Vasco de Quiroga, 2021.

SUÁREZ MORENO, F., MONGÓN GIL, J.M: *Proyecto educativo El Ciclo del Año en Canarias. Los finados y el culto a la muerte*, Consejería de Educación, Universidades, Cultura y Deportes del Gobierno de Canarias. Dirección General de Ordenación, Innovación y Calidad, 2022.

TEJERA GASPAR, A., ANTÓN GONZÁLEZ, R.: *Los aborígenes canarios, Gran Canaria y Tenerife*, Ed. Istmo, 1987.

TORRIANI, I.: *Descripción e historia del reino de las Islas Caaras antes Afortunadas, con el parecer de sus fortificaciones*, Ed. Goya, 1978.

VALENCIA, A.: "La muerte para los cristianos", *https://www.senalmemoria.co/ articulos/la-muerte-para-los-cristianos*.

VIAL DE AMESTI, C.: "La muerte según los Comentarios de Santo Tomás a las cartas de San Pablo", *FORUM, Supplement to Acta Philosophica*, V.5/1, 2019.

VIERA Y CLAVIJO, J. de: *Historia de Canarias*, T. I, II, Ed. Goya, 1982.

VIVANCO SAAVEDRA, L.: "Santo Tomás de Aquino y la muerte", *DIKAIOSYNE,* nº 36, Universidad de Los Andes, Venezuela, 2021.

VV.AA: *Cuidar cuando no es posible curar. Los cuidados paliativos. Morir dignamente en un contexto humanizado*, Coord. Roberto Germán Zurriaráin, Biblioteca de Investigación, nº 63, Universidad de La Rioja, 2021.